Prüfungsspecial für Bankkaufleute

Lizenz zum Wissen.

Sichern Sie sich umfassendes Wirtschaftswissen mit Sofortzugriff auf tausende Fachbücher und Fachzeitschriften aus den Bereichen: Management, Finance & Controlling, Business IT, Marketing, Public Relations, Vertrieb und Banking.

Exklusiv für Leser von Springer-Fachbüchern: Testen Sie Springer für Professionals 30 Tage unverbindlich. Nutzen Sie dazu im Bestellverlauf Ihren persönlichen Aktionscode C0005407 auf *www.springerprofessional.de/buchkunden/*

Jetzt 30 Tage testen!

Springer für Professionals.
Digitale Fachbibliothek. Themen-Scout. Knowledge-Manager.

- Zugriff auf tausende von Fachbüchern und Fachzeitschriften
- Selektion, Komprimierung und Verknüpfung relevanter Themen durch Fachredaktionen
- Tools zur persönlichen Wissensorganisation und Vernetzung

www.entschieden-intelligenter.de

Springer für Professionals

Uwe Benner • Jürgen Muthig (Hrsg.)

Prüfungsspecial für Bankkaufleute

Herausgeber
Uwe Benner
Alzenau, Deutschland

Jürgen Muthig
Friedrichsdorf, Deutschland

ISBN 978-3-658-03997-4
DOI 10.1007/978-3-658-03998-1

ISBN 978-3-658-03998-1 (eBook)

Die Deutsche Nationalbibliothek verzeichnet diese Publikation in der Deutschen Nationalbibliografie; detaillierte bibliografische Daten sind im Internet über http://dnb.d-nb.de abrufbar.

Springer Gabler
© Springer Fachmedien Wiesbaden 2013
Das Werk einschließlich aller seiner Teile ist urheberrechtlich geschützt. Jede Verwertung, die nicht ausdrücklich vom Urheberrechtsgesetz zugelassen ist, bedarf der vorherigen Zustimmung des Verlags. Das gilt insbesondere für Vervielfältigungen, Bearbeitungen, Übersetzungen, Mikroverfilmungen und die Einspeicherung und Verarbeitung in elektronischen Systemen.

Die Wiedergabe von Gebrauchsnamen, Handelsnamen, Warenbezeichnungen usw. in diesem Werk berechtigt auch ohne besondere Kennzeichnung nicht zu der Annahme, dass solche Namen im Sinne der Warenzeichen- und Markenschutz- Gesetzgebung als frei zu betrachten wären und daher von jedermann benutzt werden dürften.

Satz: K & M Satz und Repro | Wiesbaden

Gedruckt auf säurefreiem und chlorfrei gebleichtem Papier

Springer Gabler ist eine Marke von Springer DE.
Springer DE ist Teil der Fachverlagsgruppe Springer Science+Business Media.
www.springer-gabler.de

Liebe Leserin, lieber Leser!

Dieses erste Prüfungsspecial für Bankkaufleute soll Ihnen helfen, sich optimal auf die IHK-Abschlussprüfung im Ausbildungsberuf Bankkaufmann/-frau vorzubereiten. Die Prüfungsvorbereitung soll für Sie mit Hilfe unserer Lerntipps und Lernstrategien sowie den Muster-Prüfungsaufgaben aktuell, prüfungsnah und handlungsorientiert sein. Die ausführlichen Lösungen am Ende des Buches helfen Ihnen bei der Nachbereitung der Aufgaben.

Die Prüfungsvorbereitung besteht aus drei Bausteinen:
- Bankwirtschaft mit Fällen (konventionelle Aufgaben) und programmierten Aufgaben,
- Rechnungswesen und Steuerung,
- Wirtschafts- und Sozialkunde.

Jeder dieser Bausteine ist auf das entsprechende schriftliche Prüfungsfach gemäß der Ausbildungsordnung Bankkaufmann/Bankkauffrau ausgerichtet. Die in den Bausteinen jeweils enthaltenen Aufgaben sind in Struktur und Inhalt auf die Anforderungen der schriftlichen IHK-Prüfung abgestimmt. Ziel der Prüfungsvorbereitung ist es, Sie im Hinblick auf die von Berufsschulen, Ausbildungsbetrieben und Industrie- und Handelskammern angestrebte Handlungskompetenz der Auszubildenden zu trainieren.

Für die Arbeit mit dem Prüfungsspecial für Bankkaufleute und für Ihre Vorbereitung auf die bevorstehende Abschlussprüfung möchten wir Ihnen einige Empfehlungen geben, die in unseren Artikeln zur Lernstrategie weiter vertieft werden:

1. Lesen Sie langsam und in kleinen Etappen. Übereiltes Arbeiten bringt die Gefahr mit sich, dass Sie Informationen „überlesen", die für die Lösung entscheidend sind.
2. Stellen Sie einen Arbeitsplan auf. Dieser hilft Ihnen, Zeit und Kräfte einzuteilen. Schließlich soll Ihre Freizeit nicht zu kurz kommen.
3. Bearbeiten Sie gemäß Ihrem Arbeitsplan die Prüfungsvorbereitung schrittweise, indem Sie bestimmte „Aufgabenblöcke" bilden. Hier bietet sich eine Aufteilung in die vorgegebenen Themengebiete an. Die Lösungen sind kommentiert. Notwendige Rechenschritte sind gut nachvollziehbar dargestellt. Dies ist eine wesentliche Hilfe für Sie, da Sie eventuelle Fehler nicht nur identifizieren, sondern auch das Zustandekommen von Fehlern klären können.
4. Betrügen Sie sich nicht selbst. Lösen Sie die Aufgaben, tragen Sie Ihre eigenen Lösungen in die dafür vorgesehenen Felder ein, und vergleichen Sie dann erst Ihr Ergebnis mit den kommentierten Lösungen.

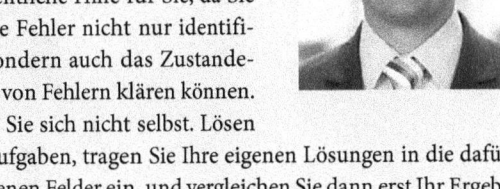

Ich wünsche Ihnen mit diesem ersten Prüfungsspecial für Bankkaufleute der Bankfachklasse viel Lernerfolg und hoffentlich auch ein bisschen Lesespaß. Wenn Sie weiterhin die Bankfachklasse lesen und mit ihr arbeiten möchten, freuen wir uns natürlich über den Abschluss eines Abonnements und über eine Weiterempfehlung an Freunde, Kolleginnen und Kollegen.

Ihr

Jürgen Muthig

PRÜFUNGSTIPPS

Prüfungsvorbereitung
Erfolgreiche Lernstrategien für Ihre Abschlussprüfung ... 2

Prüfungsfreude statt Prüfungsstress ... 8

Fit für die schriftliche Abschlussprüfung ... 16

Endspurt – Strategien für die mündliche Abschlussprüfung ... 22

PRÜFUNGSTRAINING

Muster-Prüfungsaufgaben
Bankwirtschaft – Konventionelle Aufgaben ... 27

Bankwirtschaft – Programmierte Aufgaben ... 30

Rechnungswesen und Steuerung ... 36

Wirtschafts- und Sozialkunde ... 41

LÖSUNGEN

Bankwirtschaft – Konventionelle Aufgaben ... 45

Bankwirtschaft – Programmierte Aufgaben ... 48

Rechnungswesen und Steuerung ... 50

Wirtschafts- und Sozialkunde ... 52

RUBRIKEN

Editorial/Inhalt ... 1

PRÜFUNGSTIPPS

Prüfungsvorbereitung

Erfolgreiche Lernstrategien für Ihre Abschlussprüfung

Steht auch Ihnen die IHK-Abschlussprüfung Bankkaufmann/-frau bevor? Auch wenn viele von Ihnen sich derzeit noch in der „Verdrängungsphase" befinden, lohnt es sich, sich bereits jetzt mit diesem Thema zu beschäftigen. Mit einer 4-teiligen Serie begleitet Judith Diekmann, Ausbildungsleiterin der Oldenburgische Landesbank AG, Sie auf dem Weg zu Ihrer Abschlussprüfung.

▶ **Judith Diekmann**

Neben meiner 17-jährigen Erfahrung als Ausbilderin mit weit über 1.000 Prüflingen ist auch eine Befragung von Prüflingen, die in den vergangenen Jahren ihre IHK-Prüfung mit der Note „sehr gut" bestanden haben, in meine Artikel-Serie mit eingeflossen: Was hatten ihre Prüfungsvorbereitungen gemeinsam und wo gab es Unterschiede? Was waren ihre „Erfolgsrezepte"?

Prüfungsstrategien

Mit welcher Strategie gehen Sie (bisher) Ihre Prüfungen und Klausuren an? Sind Sie der Typ „Vogel Strauß = Kopf in den Sand – die Prüfung ist ja noch so lange hin", eher ein „nervöses Huhn – das ist so schwer und so viel, hoffentlich schaffe ich das" oder eine „coole Socke – bisher habe ich alle Prüfungen auch ohne viel Aufwand geschafft"?

Sie kennen sicherlich noch mehr solcher typischen Strategien – mit welcher Strategie steuern Sie auf Ihre Abschlussprüfung zu?

Gleich zum Einstieg eine Klarstellung zum Mythos „hoffentlich falle ich nicht durch", welche sich insbesondere an die häufig vertretenen „nervösen Hühner" richtet: In der IHK-Prüfung zum Bankkaufmann/zur Bankkauffrau geht es in der Regel nicht um das Bestehen,

PRÜFUNGSTIPPS

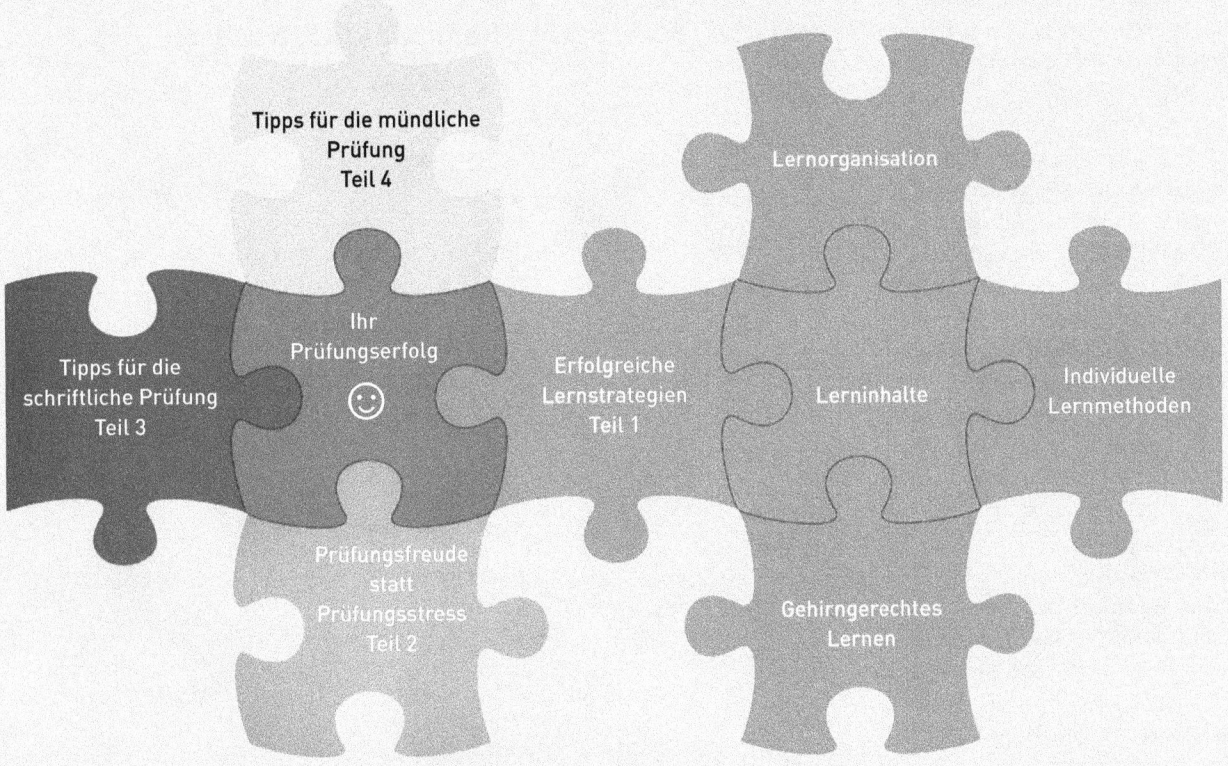

sondern um die Note mit der bestanden wird. Bei der Prüfung für Bankkaufleute sprechen wir von nur 2,3 bis maximal 4 % „Durchfallern" in den letzten Jahren.

Bei anderen Berufen sieht das durchaus anders aus: Beispielsweise lag die Durchfallerquote bei Kaufleuten für Bürokommunikation bei 5 bis 11 %. Dies zeigt, dass Bankkaufleute in den Betrieben und in der Berufsschule eine sehr hochwertige Ausbildung durchlaufen und gut auf die Prüfung vorbereitet werden. Sie als Bankauszubildende können sich damit viel selbstgemachten Stress ersparen. Ihre positive innere Einstellung als Schlüssel zu einer erfolgreichen Prüfung wird Thema im nächsten Artikel sein.

Falls allerdings wirklich gravierende fachliche Defizite vorliegen, welche sich auch in schwachen Berufsschulnoten äußern, so sollte möglichst umgehend professionelle Nachhilfe in Anspruch genommen werden. Ein reines Üben unter Mit-Auszubildenden reicht in der Regel nicht aus, um die komplexeren Themen zu verstehen.

Viele Auszubildende denken vor der Prüfung, sie müssten die eine oder andere Lernmethode anwenden, um die Prüfung erfolgreich zu absolvieren. Frage ich meine Prüflinge nach möglichen Lernmethoden und welche Stärken und Schwächen sie persönlich haben, so zeigt es sich, dass die Stärken des einen die Schwächen des anderen sind. Die Lernstrategien sind vielfältig; Zusammenfassungen schreiben, Karteikarten nutzen, Mindmaps oder Lerngeschichten entwickeln, sich Lerninhalte selbst laut aufsagen, reines Auswendiglernen oder nach detailliert erarbeiteten Lernplänen arbeiten – jeder hat andere Schwerpunkte und Methoden.

Zunächst ist es daher wichtig festzustellen, dass es nicht „die" ultimativ richtige Lernstrategie gibt. Jeder Mensch ist verschieden und damit unterscheiden sich auch seine Motivationshintergründe und die für ihn optimalen Lernstrategien. Allerdings gibt es wichtige Punkte in der Lernorganisation, in denen sich alle erfolgreichen Prüflinge gleichen. Im Folgenden bekommen Sie nähere Informationen zu diesen allgemeingültigen Punkten.

Langfristiges Lernen

Der überwiegende Teil der befragten Prüflinge hat drei Monate vor der Prüfung mit dem strukturierten intensiven Prüfungslernen begonnen. Einige auch schon fünf Monate vor der Prüfung, nur ein Absolvent hat erst zwei Monate vorher begonnen. Er hatte allerdings schon sehr ausführliche Zusammenfassungen während der gesamten Aus-

PRÜFUNGSTIPPS

bildungszeit angefertigt und musste diese nur ergänzen. Damit sollte Ihre konkrete Vorbereitungsphase spätestens Ende Januar bzw. Mitte August beginnen.

Der Lernurlaub direkt vor der Prüfung betrug bei fast allen Prüflingen drei Wochen, nur in wenigen Fällen zwei Wochen. Die wichtige Gemeinsamkeit war: Alle hatten vor dem Lernurlaub die Phase der Stofferarbeitung und -aufbereitung bereits abgeschlossen und haben die letzte Phase vor der Prüfung ausschließlich für reine Wiederholungen und Übungen mit alten Prüfungen genutzt.

Damit kommt dem langfristigen Lernen, der Wiederholung und der Anwendung des gelernten Wissens eine zentrale Rolle zu.

Stoffkatalog und Formelsammlung

Alle Befragten haben ihre konkreten Lerninhalte strikt nach dem Stoffkatalog ausgerichtet. Als Lernmaterial wurden Schulbücher, die entsprechenden Unterlagen aus der Berufsschule und Teilnehmerunterlagen aus bankinternen Seminaren genutzt. Keiner hat komplette Schulbücher oder nur das reine Material aus der Berufsschule gelernt.

Der Stoffkatalog ist die Ursprungsquelle für Prüfungsinhalte und jede Prüfungsaufgabe lässt sich auf ihn zurückführen. Damit ist er die Leitlinie für Ihre Prüfungsvorbereitung.

Der Stoffkatalog beinhaltet außerdem eine Formelsammlung. Diese erspart das Lernen vieler Details (wie Bilanzkennziffern) und bietet in der Prüfung eine Vorgabe bei umfangreichen Berechnungsschemata (zum Beispiel Gesamtbetriebskalkulation). Zudem ist auch der relevante Kontenplan enthalten. Die Formelsammlung sollte daher unbedingt schon früh in die Vorbereitung mit einbezogen werden.

Grundsätzlich wird bei den Prüfungsaufgaben die aktuelle Gesetzeslage am jeweiligen Prüfungstag zu Grunde gelegt. Damit ist nicht immer das bereits gelernte Wissen aus der Berufsschule relevant, einige Dinge müssen Sie gegebenenfalls aktualisieren.

Alte Prüfungen

Als ein entscheidender Erfolgsschlüssel kann die Arbeit mit den alten Original-Abschlussprüfungen bezeichnet werden. Alle erfolgreichen Prüflinge haben die alten Prüfungen sehr intensiv bearbeitet. Sie ha-

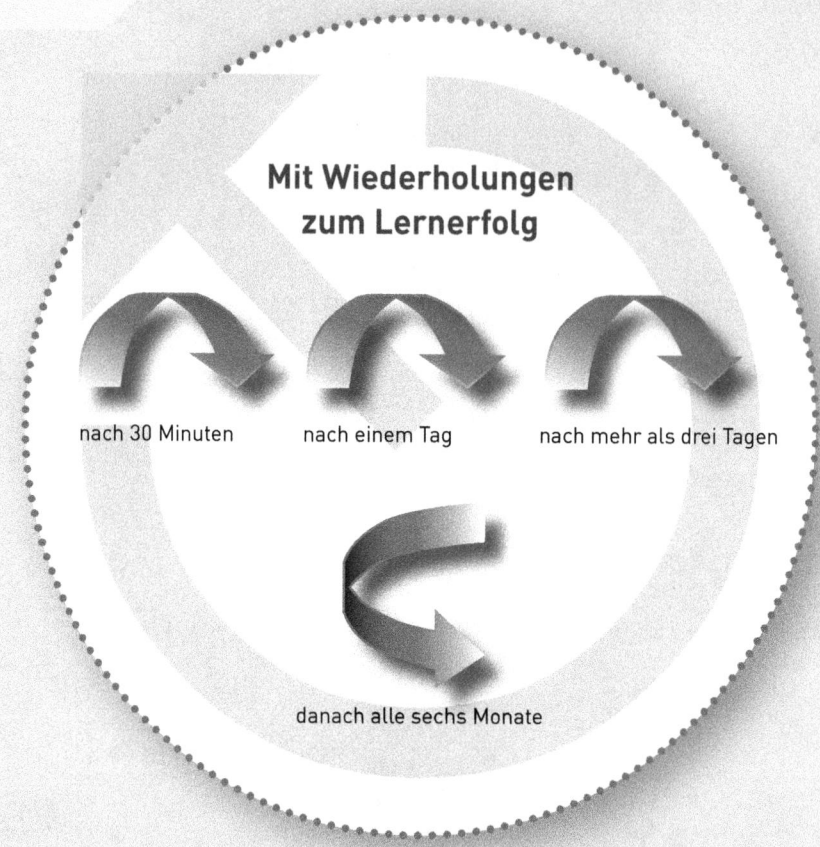

Mit Wiederholungen zum Lernerfolg

nach 30 Minuten   nach einem Tag   nach mehr als drei Tagen

danach alle sechs Monate

ben nicht nur die Aufgaben gelöst, sondern auch zusammen mit dem Stoffkatalog die Themenbereiche wiederholt und ihr fehlendes Wissen vervollständigt. Die ausführlichen Lösungserläuterungen zu den Abschlussprüfungen aus dem U-Form-Verlag bieten hierbei eine wertvolle Unterstützung.

Die Ihnen vorliegenden alten IHK-Abschlussprüfungen waren zum damaligen Prüfungszeitpunkt aktuell. Durch zwischenzeitliche Gesetzesänderungen können daher einige Aufgaben veraltet sein.

Besonders intensiv können Sie die Arbeit mit den alten Prüfungen gestalten, wenn Sie die Aufgaben anhand der Themenbereiche aus dem Stoffkatalog sortieren. Sie haben dann den genauen Überblick, welche Aufgaben es bisher zu den einzelnen Bereichen gegeben hat. Außerdem bekommen Sie ein Gefühl dafür, welche Themenbereiche sehr häufig oder besonders detailliert abgefragt werden.

Sollten Sie zusätzlich noch spezielle Literatur zur Prüfungsvorbereitung nutzen wollen, so achten Sie auf einen möglichst zeitnahen Stand der Auflage, damit die Aufgaben auch aktuell sind. Eine sehr gute Quelle für Aufgaben und Praxisfälle auf dem neuesten Stand ist natürlich die Bankfachklasse.

Auch wenn Ihr „innerer Schweinehund" jetzt „aufjault": eine wirklich sinnvolle Lern-

maßnahme ist das konkrete schriftliche Ausformulieren der Fallstudien in der dafür vorgesehenen Zeit. Leider machen dies nur wenige Auszubildende, obwohl die oft sehr schwachen Ergebnisse in den Fallstudien diese Maßnahme absolut einfordern. Es liegt häufig nicht am fehlenden Fachwissen, sondern an der fehlenden Kompetenz, Textaufgaben präzise in einer begrenzten Zeit zu beantworten. Dies kann man sehr gut selbstständig in der eigenen Prüfungsvorbereitung zuhause trainieren.

Individuelle Lernmethoden

Die nachstehend näher dargestellten Lernmethoden wurden von den einzelnen Prüflingen unterschiedlich genutzt. Sie sollen Ihnen als Anregung dienen. Gleichzeitig bekommen Sie auch Tipps zur effektiven Nutzung dieser Methoden.

Zusammenfassungen

Viele (aber nicht alle) arbeiteten mit Hilfe von Zusammenfassungen, die sie meist schon während der Berufsschulzeit erarbeitet haben. Diese wurden zur Prüfungsvorbereitung ergänzt und aktualisiert. Einige nutzten für die Erstellung der Zusammenfassungen die Technik des Mindmappings oder haben sich ein Karteikartensystem geschaffen.

Bei der Erstellung von Zusammenfassungen sollte man darauf achten, dass man in der Prüfung keine Noten für perfekte Zusammenfassungen, sondern für gelöste Aufgaben bekommt. Einige verlieren sich in der Erstellung von Zusammenfassungen oder Karteikarten und vergessen dann die Anwendung des Wissens anhand von Prüfungsaufgaben oder sie vernachlässigen die zum Lernen notwendigen Wiederholungen.

Lerngruppen

Für einige waren Lerngruppentreffen sehr hilfreich, bei denen gemeinsam Aufgaben und offene Fragen besprochen wurden.

Sollen Lerngruppen wirklich effektiv sein, so müssen Spielregeln zur Vermeidung von „Quatschbuden" aufgestellt werden. Beispielsweise durch eine strikte Trennung von Lern- und Kaffeeklatschzeiten. Eine gute Vorbereitung der einzelnen Teilnehmer auf die vorher festgelegten Themen ist ebenfalls notwendig. Lerngruppen sind zur Festigung von Themen sehr gut geeignet. Für völlig neuen Stoff ist die Arbeit in der Lerngruppe allerdings nicht geeignet.

Sind Ihnen einzelne Themen bisher schwer gefallen, so ist ein Erfahrungsaustausch mit Mit-Auszubildenden „Wie merkst du dir das?", „Wie bearbeitest Du programmierte Aufgaben?" usw. sehr hilfreich. Nützlich ist auch die gegenseitige Korrektur von vorab ausformulierten Fallstudien.

Lernpläne

Einige Prüflinge erstellten für die drei Monate einen detaillierten Lernplan mit konkreter Tagesplanung, andere haben nur mit sehr groben Wocheneinteilungen gearbeitet.

Insbesondere bei der Erstellung von detaillierten Lernplänen ist auf eine realistische Planung zu achten. Pausen und Pufferzeiten sind unbedingt notwendig. Niemand lernt drei Monate lang wirklich kontinuierlich jeden Tag.

Wechseln Sie auf jeden Fall während der Vorbereitungszeit zwischen den drei Prüfungsfächern ab. Das Wissen in den unterschiedlichen Bereichen kann sich so besser festigen und vernetzen. Gerade im Fach Rechnungswesen, wo es weniger um das Auswendiglernen geht, braucht man das Wissen von Zusammenhängen.

Auch wenn Sie bislang eher kein Fan von einer Lernplanung sind: Zumindest einen groben Überblick sollte jeder haben, sonst schieben Sie das Lernen auf die lange Bank. Eine harte, aber wirksame Methode: Wie viele Seiten des Stoffkatalogs wollen Sie pro Woche bearbeiten? Der Teil des Stoffkataloges mit den reinen Prüfungsinhalten beinhaltet 18 Seiten. Wenn Sie zwei Wochen vor der Prüfung nur noch wiederholen möchten, müssen Sie Ende Januar bzw. Mitte August mit dem Lernen anfangen. Sonst müssen Sie mehr als anderthalb Seiten pro Woche lernen.

Manche beginnen auch hochmotiviert und sehr früh mit dem Sortieren ihrer Unterlagen und besorgen sich viel Material, aber sie schaffen es dann nicht von der „Sortierphase" auch wirklich in die Lernphase überzugehen. Auch hier hilft die Erstellung eines konkreten Lernplanes.

PRÜFUNGSTIPPS

Lerntechniken

Der Lernerfolg entscheidet, ob Ihre bisher angewandten Lernmethoden effektiv waren. Die reine Lerndauer ist kein Indikator für Lernerfolg. Sollten Ihre intensiven Lernaktivitäten häufig nicht erfolgreich gewesen sein, so gilt es, eine effektive Nutzung von Lerntechniken zu trainieren.

Grundsätzlich ist eine Kombination aller Lernkanäle/-sinne (visuell = sehen, auditiv = hören und kinästhetisch = fühlen) sehr wichtig und ermöglicht ein nachhaltiges Lernen. Der visuelle Kanal ist beim Lernen von Fachwissen der erfolgreichste. Falls Sie eher den auditiven oder kinästhetischen Kanal bevorzugen, so sollten Sie sich die Fähigkeit aneignen, den visuellen Kanal für die Prüfungsvorbereitung intensiver zu nutzen. Genauso wichtig ist das Ansprechen beider Gehirnhälften. Häufig wird Lernstoff sehr linksseitig (= Zahlen, Worte, Details) gelernt und die Verknüpfung mit der rechten Seite (= Bilder, Zusammenhänge) vernachlässigt. Die nachstehenden Lerntechniken stärken daher vor allem die Nutzung der visuellen Speicherung und die Verknüpfung der beiden Gehirnhälften.

Sehr effektiv ist die Spickzetteltechnik: Erstellen Sie einen Spickzettel nur mit den wichtigsten Stichworten und möglichst vielen Symbolen. Dann nehmen Sie ihn mit in die Prüfung ... nein, Sie speichern ihn als Bild vor Ihrem inneren Auge und rufen ihn mehrfach dort ab.

Zu komplexen Themen, die Sie sich nur schlecht merken können, erfinden Sie eine Lerngeschichte. Diese sollte möglichst verrückt sein und alle wichtigen Inhalte des Themas verbinden. Im ersten Moment bedeutet dies etwas mehr Arbeit und Kreativität, durch den hohen Lerneffekt zahlt sich die Investition aber schnell aus.

Sehr effektiv ist es, zu Beginn eines Themas zunächst das vorhandene Wissen abzurufen. Beim weiteren Lernen hat das Gehirn dann bereits Wissen, an dem es anknüpfen kann. Dies ist nachweislich für den Lernerfolg sehr wichtig. Hierfür eignet sich die bereits erwähnte Technik des Mindmappings (siehe Bankfachklasse 6-7/2010). Die Mindmap kann dann im weiteren Verlauf auch vielseitig ergänzt werden. Mindmaps werden außerdem im Querformat erstellt, welches ebenfalls den Speicherprozess gehirngerecht unterstützt.

Wiederholungssequenzen

Neben den dargestellten Techniken ist die gezielte Wiederholung der gelernten Inhalte der Schlüssel zum nachhaltigen Lernerfolg. „Nichts wird mit einem Mal gelernt" sagt der Gehirnforscher Gerhard Roth. Eine Ausnahme stellen nur sehr emotional besetzte Dinge dar, welche bei theoretischen Lerninhalten eher selten vorkommen.

Eine erfolgreiche Basis bildet Lernen mit Spaß, Interesse und Aufmerksamkeit für das Thema, eine intensive Aufarbeitung sowie eine Visualisierung des Lernstoffes. Aber – auch wenn Ihr „innerer Schweinehund" wieder „aufstöhnt" – Wiederholungen sind dennoch absolut notwendig. Sie werden nur leider zu häufig vernachlässigt oder in falschen Abständen durchgeführt.

Eine effektive und in der Praxis bewährte Wiederholungssequenz ist die folgende: Wiederholung nach 30 Minuten, nach einem Tag und nach mehr als drei Tagen. Dann haben Sie die Inhalte für die nächsten sechs Monate präsent. Danach reicht alle sechs Monate eine erneute Wiederholung aus. Als Wiederholungseinheit kann natürlich auch die Anwendung des Wissens anhand von Prüfungsaufgaben gezählt werden.

Wollen Sie mehr über den sinnvollen Umgang mit Ihrem „inneren Schweinehund" und über Möglichkeiten für eine positive innere Einstellung zur Prüfung erfahren? Dann freuen Sie sich auf den folgenden Artikel. ◀

Lerntipps aus Sicht der Gehirnforschung

- „Nichts wird mit einem Mal gelernt", eine Ausnahme bilden emotional besetzte Dinge, welche bei theoretischen Lerninhalten nur selten vorkommen.
- Sinnvoll platzierte Wiederholungen sind der Schlüssel zum Lernerfolg (siehe Abbildung).
- Das Gehirn ist vergleichbar mit einem Muskel, es muss trainiert werden. Für eine Weltmeisterschaft würden Sie auch nicht erst zwei Wochen vorher mit dem Training beginnen.
- Paniklernen ist nachweisbar nicht erfolgreich. Angst und Stress hemmen das Lernen.
- Vorerfahrungen und Verknüpfungen sind wichtig, das Gehirn lernt durch Verknüpfungen. Je mehr Vorinformationen schon vorhanden sind, desto größer ist der Lernerfolg.
- Sorgen Sie schnell für Erfolgserlebnisse, etwa durch Anwendung des Wissens bei alten Prüfungen. Der höchste Lernerfolg kommt einfach durch das selber Tun.
- Spaß und positive Emotionen beim Lernen sind ebenfalls ein wichtiges Erfolgsrezept. Auch ein Smiley ☺ auf dem Schreibtisch kann schon sehr wertvoll sein.

Tipps für die persönliche Lernfitness

- Regelmäßige Pausen sind notwendig. Das Verarbeiten des Lernstoffs findet in den Pausen statt.
- Sorgen Sie für ausreichend Schlaf. Im Schlaf erfolgt die Übertragung vom Kurzzeit- in das Langzeitgedächtnis.
- Installieren Sie persönliche Lernrituale (zum Beispiel das Hören einer bestimmten Musik zum Lernbeginn), diese erleichtern den Einstieg in das Lernen.
- Messen Sie den Erfolg nicht über Ihre Lernzeit, sondern über den Lernfortschritt.
- Sorgen Sie für eine ablenkungsfreie Lernumgebung. Die volle Aufmerksamkeit auf den Lernstoff erhöht den Lernerfolg.
- Stress hat einen negativen Einfluss auf das Lernen und Behalten. Eine langfristige Lernplanung hilft, Stress zu vermeiden.
- Eine ausreichende Wasserzufuhr und der regelmäßige Verzehr von Obst und Vollkornprodukten verhelfen dem Gehirn zu Höchstleistungen. Stellen Sie sich beim Lernen einfach immer ein Glas Wasser auf den Schreibtisch.
- Nach dem Lernen gönnen Sie sich Belohnungen (Essen, Bewegung, soziale Kontakte), das steigert die Lernmotivation.
- Regelmäßige Bewegung (kein Leistungssport) sorgt für einen körperlichen Ausgleich beim Lernen und ermöglicht automatisch eine optimale Speicherung des Lernstoffes.

Literaturempfehlungen

- U-Form Verlag: IHK-Abschlussprüfungen, Lösungserläuterungen und Stoffkatalog zur IHK-Abschlussprüfung
- Pagel, Karin (2003): Jeder lernt anders (Lerntypentests und Tipps für visuelles Lernen)
- Komarek, Iris (2010): Ich lern einfach (Ideen und Anleitung zum ganzheitlichen Lernen)
- Birkenbihl, Vera F. (2013): Stroh im Kopf (der Klassiker für gehirngerechtes Lernen)
- Spitzer, Manfred (2006): Lernen (Gehirnforschung für Interessierte verständlich erklärt)
- Karsten, Dr. Gunther (2012): So lernen Sieger (50 wertvolle Lerntipps anschaulich dargestellt)

PRÜFUNGSTIPPS

Prüfungsvorbereitung

Prüfungsfreude statt Prüfungsstress

Welche Faktoren entscheiden über Ihren Prüfungserfolg? Ihr Fachwissen ist die absolute Grundlage, ohne geht es definitiv nicht. Erfolgreiche Lernstrategien zum Erwerb dieses Fachwissens waren daher das Thema des ersten Artikels der 4-teiligen Serie zur Vorbereitung auf Ihre Abschlussprüfung. In der Prüfungssituation müssen Sie Ihr Wissen allerdings auch zuverlässig abrufen können. Damit sind Ihre mentale Stärke und Ihr positiver Umgang mit Prüfungssituationen ebenfalls zentrale Faktoren für Ihren Prüfungserfolg. Judith Diekmann, Ausbildungsleiterin und erfahrener Prüfungscoach, stellt Ihnen wirksame Mentalstrategien zur Stärkung Ihrer Kompetenzen in Prüfungssituationen vor.

Der Schweinehund-Test

Wenn ich lerne, ...   nein ————▶ ja
                       1 2 3 4 5 6 7 8 9 10

1. ... beginne ich rechtzeitig.
2. ... habe ich ein zügiges Arbeitstempo.
3. ... achte ich auf Ordnung und Übersichtlichkeit.
4. ... nehme ich mir Zeit für Wiederholungen.
5. ... bin ich mit Aufmerksamkeit bei der Sache.
6. ... weiß ich mir meistens zu helfen.
7. ... kann ich mir gut merken, was ich gelernt habe.
8. ... mache ich mir Gedanken zum Lernstoff.
9. ... betrachte ich Fehler als Lernchance.
10. ... finde ich, dass ich etwas Sinnvolles tue.
11. ... zeige ich Durchhaltevermögen.
12. ... lege ich Wert auf Genauigkeit.
13. ... tue ich es aus eigenem Antrieb.
14. ... kann ich auch Kritik annehmen.
15. ... kann ich meine Fortschritte richtig einschätzen.
16. ... glaube ich, dass ich Erfolg haben werde.

▶▶ Bewerten Sie ganz spontan die nebenstehenden Aussagen zu Ihrem Lernverhalten auf einer Skala von 1 (= nein) bis 10 (= ja). Quelle: © Karin Pagel, www.schau-genau.com

▶ **Judith Diekmann**

Bei den Lernstrategien im ersten Artikel gab es allgemeingültige und individuelle Strategien, so ist es auch bei den Mentalstrategien. Schauen wir also zunächst wieder auf Ihre (derzeitige) persönliche Prüfungsstrategie.

Sind Sie immer noch der Typ „Vogel Strauß" (= Kopf in den Sand – die Prüfung ist ja noch so lange hin)? Dann wird es höchste Zeit, denn die Zeit bis zur Prüfung rennt. Erstellen Sie einen Lernplan und machen Sie sich damit den großen Umfang der Stoffmenge bewusst. Stellen Sie sich die folgenden Fragen: „Was hält Sie bisher vom Lernen ab?", „Was ist der Gewinn Ihrer Verdrängungsstrategie?" und „Welche Gefahren bringt Ihr jetziges Verhalten mit sich?". Für Sie ist der erste Teil des Artikels (Selbstverantwortung und Zielfindung) besonders wichtig.

Als Typ aus der Richtung „coole Socke" (= bisher habe ich alle Prüfungen locker geschafft) lesen Sie diesen Artikel vielleicht erst gar nicht. Sollten Sie zu den ehrgeizigen, zielstrebigen und fleißigen „coolen Socken" gehören, die schon voll im Lernen drin sind, so ist das auch nicht unbedingt notwendig. Machen Sie einfach weiter so!

Sind Sie allerdings eher eine faule „coole Socke", so fragen Sie sich, was Sie zum kontinuierlichen Lernen motivieren könnte. Brauchen Sie Anreize in Form von Belohnungen oder eher Druck und Kontrolle von außen? Stellen Sie einen detaillierten Lernplan auf und handeln Sie entsprechend Ihres Motivationstyps.

PRÜFUNGSTIPPS

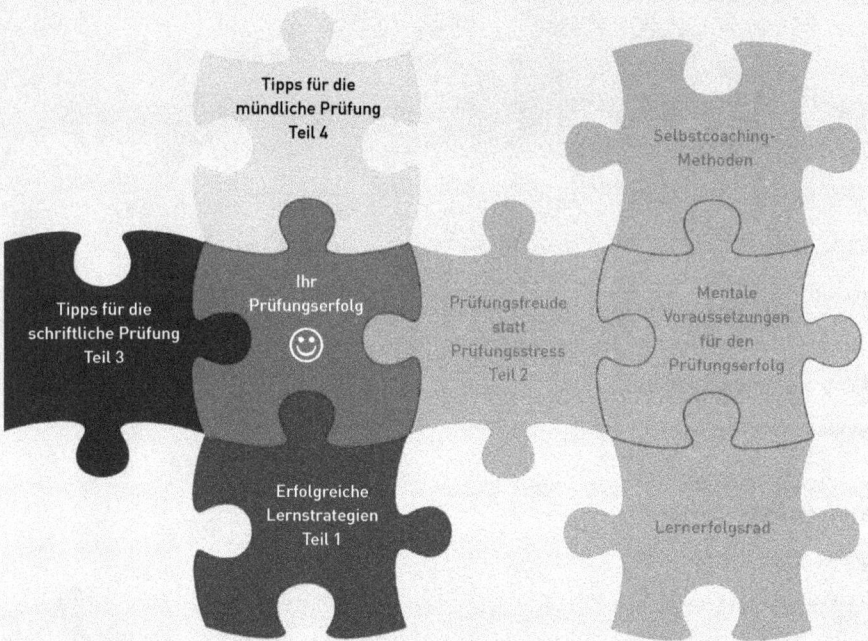

Sollten Sie Druck von außen benötigen, so suchen Sie sich einen externen „Kontrolleur" (Eltern, Ausbilder, usw.), der die Einhaltung Ihres Lernplanes regelmäßig überprüft.

Diejenigen, die dem Typ „nervöses Huhn" (= das ist so schwer, hoffentlich falle ich nicht durch) nahe stehen, finden in diesem Artikel viele wirksame Selbstcoaching-Methoden. Wenden Sie diese an und wandeln Sie aktiv Ihre bisherigen Befürchtungen in Prüfungsoptimismus um. Ihr Ziel ist es, dass Sie selbstbewusst und mit Gelassenheit die Prüfung absolvieren und den Erfolg Ihres Lernens ernten.

Voraussetzungen für Erfolg

Der eigene Antrieb bzw. die Motivation (Ehrgeiz, Durchhaltevermögen usw.), ein attraktives Ziel, welches man unbedingt erreichen möchte, und der Glaube daran, dass man dieses Ziel auch erreicht, sind die drei Voraussetzungen für Erfolg. Mit dieser Kombination werden im Sport Wettkämpfe gewonnen, sind Menschen in ihrem Job erfolgreich und so erreichen auch Sie Ihr Prüfungsziel.

Selbstverantwortung und aktives Handeln

Grundlage des Erfolgs ist die eigene Motivation. Wer nicht eigenverantwortlich handelt, das heißt lernt und sich mental positiv einstellt, kann auch keine Erfolge erwarten.

Erster Schritt ist hierbei die Erkenntnis, dass nur Sie selbst für Ihren Prüfungserfolg verantwortlich sind. Sie müssen für sich selbst sorgen und aktiv handeln. Aus dem Blickwinkel eines „Opfers" über schlechte Lehrer und schwere Prüfungen zu jammern, beruhigt zwar zunächst, bringt Sie aber keinen Schritt weiter. Auch das „Gruppen-Zittern" ist beliebt, aber Prüfungen sind nun mal leider keine Teamarbeit, denn es zählt nur Ihre eigene Leistung.

Im zweiten Schritt ist eine Selbsteinschätzung wichtig. Wo liegen derzeit Ihre persönlichen Stärken und Schwächen im Hinblick auf die Prüfungsvorbereitung?
Eine Hilfestellung bei der Selbsteinschätzung können hierbei der „Schweinehund-Test" und das „Lernerfolgsrad" geben (siehe Abbildungen).

Werden Sie sich Ihrer Stärken bewusst und bauen Sie diese aus. Entwickeln Sie Strategien zum Abbau Ihrer Schwächen. Meist ermöglicht die Verschlimmerungsfrage „Was passiert, wenn ich diese Schwächen weiter so auslebe?" bereits einen großen Motivationsschub.

Bauen Sie regelmäßig Zwischenfeedbacks zum Stand Ihrer Prüfungsvorbereitung ein. Vielleicht kann im Verlauf eine Anpassung von Lernplänen oder die Veränderung von bisherigen Prüfungsstrategien sinnvoll sein.

Attraktive und herausfordernde Zielformulierungen

Grundlegender Antrieb eines jeden Menschen ist immer die Frage nach dem „Wofür?". Was ist Ihr persönlicher Nutzen, wenn Sie sich für eine gute Prüfung engagieren? Hierbei ist auch die gehirngerechte Formulierung von Zielen entscheidend.

Positive Formulierungen

Probieren Sie einmal Folgendes: Denken Sie jetzt bitte nicht an Ihren derzeitigen Klassenlehrer ... Sie werden automatisch kurz an den Namen gedacht oder das Bild von Ihrem Klassenlehrer vor Augen gehabt haben. Das Gehirn kann einfach keine Negationen verarbeiten. Damit geben Sie Ihrem Gehirn mit dem Auftrag „hoffentlich werde ich nicht nervös" in Wirklichkeit den Auftrag „hoffentlich werde ich nervös". Negationen aufspüren und umformulieren ist daher eine wichtige Basis der Zielformulierung. Sie werden erstaunt sein, wie häufig wir mit dieser Form der Formulierung arbeiten. Positive Formulierungen wie „ich bleibe ruhig und gelassen" sind gehirngerecht und geben eine klare Handlungsanweisung für das Gehirn.

Realistisch, machbar und konkret

Prüfen Sie, ob Ihre Ziele realistisch und von Ihnen selbst erreichbar sind. Setzen Sie sich viele kleine Teilziele und terminieren Sie deren Umsetzung. Dies ist eine effektive Schweinehund-Strategie, denn bei kurzfristigen Zielen gibt es weniger Ausreden für das Aufschieben. Außerdem können Sie sich schneller für die Umsetzung belohnen, was den Schweinehund ebenfalls freut und zum Weitermachen motiviert.

Herausfordernde und attraktive Ziele

Was ist Ihr Wunschziel? Stellen Sie sich vor, dass Sie dieses Ziel erreicht haben. Was ist Ihnen dann möglich? Hieraus lassen sich attraktive Ziele ableiten. Diese wollen Sie dann auch erreichen. Das reine Ziel „Ich bestehe die Prüfung" zu haben, löst meist nur wenig Handlungsenergie aus.

Investieren Sie Zeit in Ihre persönliche Zielformulierung. Haben Sie das „Wofür" für sich selbst definiert, so löst es einen enormen Zielsog aus, der auch den inneren Schweinehund überwinden kann.

Glaube an den Erfolg

In letzter Instanz entscheidet die mentale Stärke über Erfolg und Misserfolg.

Das Lernerfolgsrad

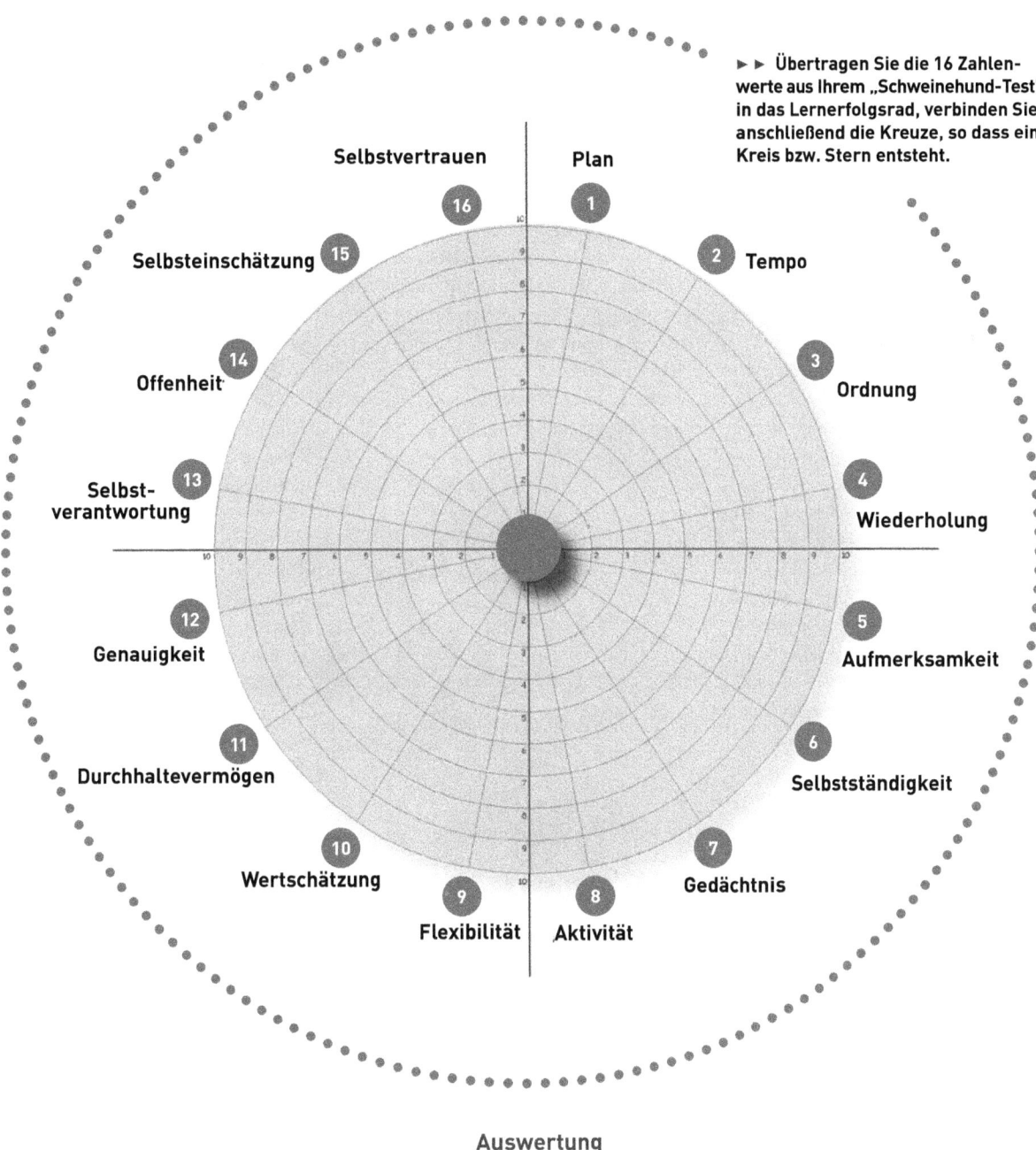

▶▶ Übertragen Sie die 16 Zahlenwerte aus Ihrem „Schweinehund-Test" in das Lernerfolgsrad, verbinden Sie anschließend die Kreuze, so dass ein Kreis bzw. Stern entsteht.

Auswertung

Welche Form hat Ihr Lernerfolgsrad? Je größer und runder Ihr Lernerfolgsrad ist, desto besser sind Sie für eine erfolgreiche Prüfungsvorbereitung bereits aufgestellt. Ihr Lernerfolgsrad läuft sozusagen schon rund.

Je kleiner und je zackiger es ist, desto mehr Handlungsbedarf besteht für eine Optimierung ihrer bisherigen Prüfungsstrategie. Ziel ist es, ein möglichst großes rundes Lernerfolgsrad für eine erfolgreiche Prüfung nutzen zu können.

Für Optimierungsbedarf in den Bereichen 1 bis 8 haben Sie im ersten Artikel ausführliche Anregungen erhalten. Für die Bereiche 9 bis 16 bietet Ihnen dieser Artikel Ideen für neue Strategien.

Quelle: Karin Pagel, www.schau-genau.com

PRÜFUNGSTIPPS

Haben Sie ein Szenario des Versagens (= Angst) im Kopf, so wird die Abfrage des Fachwissens von Ihrem limbischen System blockiert. Dieser Teil des Gehirns sorgt in Gefahrensituationen für eine blitzschnelle Entscheidung zwischen den Alternativen Kampf, Flucht oder „tot stellen" (= Blackout) und für die entsprechenden körperlichen Reaktionen. Sie können dieses limbische System leider nicht umgehen, es ist immer der erste Eingangskanal im Gehirn für Eindrücke von außen.

Haben Sie ein Szenario des Erfolgs (= Freude) im Kopf, so hat das limbische System keinen Grund zum Eingreifen. Sie haben damit Zugang zu Ihrem abgespeicherten Wissen in den übrigen Gehirnarealen und können die Prüfungsaufgaben souverän lösen.

Man spricht in diesem Zusammenhang auch von der „sich selbst erfüllenden Prophezeiung" (= SEP). Das Gehirn und die entsprechenden Handlungen richten sich nach der vorgegebenen Richtung aus, sowohl in positiver Form „ich schaffe das" als auch in negativer Form „ich falle bestimmt durch". Das entsprechende Ergebnis ist damit vorprogrammiert. Sorgen Sie also für eine „positive SEP" (vielleicht auch in Form eines Glücksbringers), die Sie mental durch die Prüfung begleitet.

Im Folgenden finden Sie eine Auswahl an Selbstcoaching-Methoden, die sich bei der Prüfungsvorbereitung besonders bewährt haben.

Der Ressourcen-Rucksack

Neben dem Glauben an den Erfolg ist natürlich auch der Glaube an sich selbst und seine eigenen Fähigkeiten entscheidend. Die Arbeit mit den eigenen vorhandenen Ressourcen ist dabei ein wichtiger Schlüssel.

Was brauchen Sie für eine erfolgreiche Prüfung? Welche Fähigkeiten (Selbstbewusstsein, Gelassenheit, Mut, Kreativität, usw.) und Glaubenssätze (etwa: „Ich schaffe das!") helfen Ihnen weiter? Schreiben Sie diese bitte auf.

Danach überlegen Sie sich, wann genau diese Fähigkeiten und Glaubenssätze in Ihrem Leben schon einmal sehr wertvoll für Sie waren. Wichtig ist, dass dies auch Situationen sein können, die nicht in Verbindung mit Prüfungen standen. Schreiben Sie die Erlebnisse zu Ihren Fähigkeiten und Glaubenssätzen hinzu.

Schauen Sie sich nun Ihre vorhandenen Ressourcen an. Gibt es noch etwas, was wichtig sein könnte? Sie können natürlich auch später jederzeit noch Ressourcen ergänzen.

Manchmal hätte man auch gerne Fähigkeiten von anderen Personen. Denken Sie nun daran, wie es wäre, wenn Sie diese hätten. Wie fühlt sich das an? In welchen Situationen setzen Sie diese ein? Schreiben Sie auch diese Fähigkeiten und Situationen auf.

Nun haben Sie alle Ressourcen für eine erfolgreiche Prüfung gesammelt. Packen Sie diese in einen gedanklichen Rucksack, den Sie immer zum Lernen und dann auch in den Prüfungen „aufsetzen". Er wird Ihnen erfolgreich den Rücken stärken und in schwierigen Momenten helfen.

Sollte der gedankliche Rucksack kein optimales Bild für Sie sein, so können Sie Ihre

Ressourcen auch gerne an einen Glücksbringer „übergeben", den Sie beim Lernen um sich haben und mit in die Prüfung nehmen. Oder Sie ankern die Ressourcen an eine bestimmte Bewegung (zum Beispiel das Drehen eines Ringes an Ihrem Finger). Der Kreativität sind keine Grenzen gesetzt. Hauptsache, Sie haben Ihre Ressourcen dabei.

Der mentale Prüfungserfolgsfilm

Viele denken in Bezug auf die Prüfung nur an die unangenehmen Dinge: mühevolles Lernen, belastende Prüfungssituationen … Das sind alles keine motivierenden Bilder.

Stellen Sie sich nun vor, dass Sie Ihr persönliches Prüfungsziel bereits erreicht haben. Was sehen Sie? Was hören Sie? Wie fühlt es sich an? Woran erkennen Sie, dass die Prüfung richtig erfolgreich verlaufen ist? Welche Türen stehen Ihnen jetzt offen, nachdem Sie diesen Erfolg errungen haben? Begeben Sie sich ganz in diese Situation hinein und genießen den Erfolg in vollen Zügen. Speichern Sie diese Erlebnisse als geistigen Erfolgsfilm für sich ab.

Vor dem Erfolg stehen aber natürlich auch das Lernen und die Prüfungen. Gehen Sie nun mit Ihren Gedanken wieder an den Beginn Ihrer Prüfungsvorbereitung und entwickeln Sie auch einen Film bis zum Prüfungserfolg. Diesen lassen Sie dann in überhöhter Geschwindigkeit (schnelles Vorspulen der Bilder mit Stimmensalat) ablaufen. Beim Prüfungserfolg angekommen, lassen Sie diesen Teil des Films wieder langsam ablaufen und genießen ihn einfach.

Mit Ihrem inneren Erfolgsfilm lenken Sie Ihre Aufmerksamkeit weg von der Last des Lernens und den Prüfungen hin zum attraktiven Prüfungserfolg. Das Lernen fällt Ihnen dann wesentlich leichter.

Notfall-Strategien entwickeln

Was wäre wenn … Sie können nicht anders, als sich mit Katastrophenphantasien zu beschäftigen?

Verdrängen nützt überhaupt nichts, da die Horrorvorstellungen in den unpassendsten Momenten sowieso wieder auftauchen. Aber Sie können diese sehr wertvoll für Ihre Prüfungsvorbereitung nutzen. Machen Sie aus Ihren Katastrophenphantasien einfach nützliche Notfall-Strategien.

Schreiben Sie zunächst alle für Sie denkbaren Horrorszenarien auf, die Ihnen in einer Prüfung passieren könnten. Zu jeder einzelnen Situation stellen Sie sich jetzt die Fragen „Welche Handlungsalternativen für einen erfolgreichen Umgang mit dieser Situation stehen mir zur Verfügung?", „Wie gehe ich damit um?", „Was kann wirklich schlimmstenfalls passieren?" und „Wie kann ich das vermeiden?". Haben Sie alle Varianten bearbeitet, so ist der erste Effekt die Erkenntnis, dass es so schlimm gar nicht kommen kann. Außerdem können Sie sich sicher sein, sollten Ihnen diese Dinge wirklich passieren, so haben Sie eine Lösung, wie man mit ihnen umgehen kann. Dieses vorweg genommene erfolgreiche Krisenmanagement hat in der Prüfung eine verblüffende Wirkung. Man ist einfach auf alles vorbereitet und nichts kann einen mehr erschüttern.

Stresswörter verzaubern

„Worte sind die mächtigste Droge, welche die Menschheit benutzt", sagte Rudyard Kipling, der Autor des Dschungelbuches. Das Hören oder Lesen von Worten löst gleichzeitig immer auch eine Gefühlsreaktion in uns aus. Denken Sie mal nacheinander intensiv an die Worte „Schokoladeneis", „Zahnarzt", „Pizza", „Spinat", „Strand" und „Rechnungswesen". Ihre emotionale Reaktion ist bei den einzelnen Worten sicherlich sehr unterschiedlich, oder? Die Reaktionen sind individuell verschieden und hängen von unseren positiven, neutralen oder negativen Vorerfahrungen mit diesem Wort ab. Nehmen wir beispielsweise das Wort „Spinat": Einige lieben ihn, anderen wird übel, wenn sie das Wort nur hören.

Negativ besetzte Wörter lösen automatisch negative Emotionen aus, welche natürlich in der Prüfungsvorbereitung und in der Prüfung selbst nicht förderlich sind. Beliebte Prüfungsstresswörter sind: Abschlussprüfung, Rechnungswesen-Prüfung, Fallstudien, WiSo-Prüfung, Versagensangst, Zeitdruck und noch viele mehr. Aus meiner Erfahrung heraus lösen diese Worte bei vielen Prüflingen einen sichtbaren Stress aus.

Diese Reaktion kann man mit der einfachen, aber sehr wirkungsvollen Methode „Magic Words" verändern. Ziel ist es, die Reaktionen auf das Wort in eine neutrale oder noch besser in eine positive Reaktion zu verändern. Dies geschieht über eine Veränderung der Darstellung des Wortes vor dem geistigen Auge.

Machen Sie einfach mit und nehmen Sie Ihr ganz persönliches Stresswort im Zusammenhang mit der Prüfung: Wenn Sie an das Wort denken, wie erscheint es vor Ihrem geistigen Auge? Welche Farbe, Größe und Schriftform hat es? In welcher Entfernung sehen Sie es vor sich? Wie hört es sich an? Häufig kommt hier die Beschreibung, dass das Wort in großen fetten Buchstaben sehr nah und bedrohlich vor sich gesehen wird.

Strecken Sie sich kurz und atmen Sie tief durch. Denken Sie nun an eine schöne Urlaubssituation, die Sie erlebt haben. Sie sind vielleicht am Strand, die Sonne scheint, gut gelaunte Menschen sind um Sie herum, Sie lesen ein nettes Buch, hören Ihre Lieblingsmusik, spielen mit Freunden oder liegen entspannt in der Sonne ... Wenn Sie gedanklich so richtig in dieser schönen Urlaubssituation angekommen sind, dann schauen Sie zum Himmel und lassen dort Ihr Prüfungsstresswort in Form einer luftigen Wolke entstehen. Welcher positive Klang passt zu diesem neuen Wort?

Denken Sie erneut an Ihr neu „getuntes" Wolken-Prüfungswort in Ihrer Urlaubssituation. Wie haben sich Ihre Reaktionen im Gegensatz zur alten Darstellung verändert? Können Sie jetzt neutral und eher gelassen damit umgehen? Sie empfinden ein positives Gefühl oder sogar ein leichtes Lächeln, wenn Sie an das Wort denken? Super, das ist die Wirkungsweise von Magic Words. Damit das „neue" Wort Sie weiterhin positiv unterstützen kann, ist es wichtig, dass Sie das neue Bild sicher abspeichern. Dazu müssen Sie es sich nur in den beiden nächsten Wochen täglich in der schönen Urlaubssituation vorstellen.

Stressabbau durch Körperübungen

Zum Stressabbau oder – noch besser – zur Vorbeugung von Stressreaktionen eignen sich die folgenden Übungen. Sie sorgen für eine Harmonisierung und für einen Energieschub im Körper. Machen Sie diese kurzen Übungen einfach täglich und lassen Sie sich von der positiven Wirkung überraschen.

Im Übrigen führen alle gegengleichen Bewegungen wie Spazierengehen, Joggen oder sogenannte Brain-Gym-Übungen (= Überkreuzbewegungen) zu einer Entstressung und Harmonisierung der Gehirnhälften und des Energieflusses im Körper.

Klopfen der Thymusdrüse

Erinnern Sie sich an Tarzan und seinen berühmten Schrei verbunden mit einem Trommeln seiner Fäuste auf der Brust? Sie sollen jetzt nicht schreien, aber klopfen Sie sich mit beiden Händen mittig auf das Brustbein. Klopfen Sie in diesem Bereich mehrere Minuten, so lange bis Sie tief einatmen müssen. Sie stimulieren damit Ihre Thymusdrüse, die für den Energiehaushalt, das Immunsystem und die mentale Leistungsfähigkeit verantwortlich ist. Die stärkende Wirkung hält nun für zwei bis drei Stunden an. Diese (fast schon zu) einfache Übung hat – regelmäßig angewandt – eine überwältigende Wirkung.

Augenturnen

Suchen Sie sich zwei auseinanderliegende Punkte im Raum (etwa an einer Wand) und lassen Sie die Blickrichtung Ihrer Augen zwischen diesen beiden Punkten hin und her wandern. Wechseln Sie das Tempo und spielen Sie mit eher langsamen und sehr schnellen Bewegungen. Nach kurzer Zeit werden Sie merken, wie Ihre Anspannung nachlässt. Diese Übung macht Sie wieder denkfähig und ist sogar in einer schriftlichen Prüfung anwendbar.

Butterfly

Kreuzen Sie die Arme vor Ihrem Oberkörper und legen Sie Ihre Hände auf die Schultern. Klopfen Sie sich nun mit den Händen abwechselnd auf die Schulter und variieren Sie das Tempo. Auch diese Übung machen Sie, bis eine deutliche Entspannung eintritt.

wingwave – Musik

Eine passive Form des Stressabbaus ist das Hören der so genannten „wingwave-Musik" (siehe www.wingwave.com). Diese Musik gibt, über Kopfhörer gehört, auditive Rechts-Links-Impulse und führt nach ca. fünf Minuten zu einer nachweisbaren Entstressung. Sie kann für Entspannungs- und auch für Bewegungsphasen eingesetzt werden. Kurz vor der Prüfung kann man sich mit dieser Musik wunderbar beruhigen und von den äußeren Einflüssen abkoppeln.

Die Musik hat noch einen weiteren wertvollen Effekt. Hört man die Musik leise direkt beim Lernen, so werden die Inhalte intensiver und lang anhaltender gespeichert. Durch die Rechts-Links-Impulse sortiert das Gehirn die Inhalte quasi gleich richtig ein. Man hat die im Folgenden beschriebene Wirkung vom „Lernen im Schlaf" dann schon tagsüber.

Lernen im Schlaf

Das berühmte Buch unter dem Kopfkissen nützt leider nur wenig, außer Sie haben kurz vor dem Einschlafen noch mal hineingesehen. Wichtig ist, dass Sie kurz vor dem Einschlafen die Lerninhalte noch einmal locker wiederholen. Wirklich locker und mit einer Leichtigkeit („das lerne ich noch"), falls eventuell noch Wissen fehlen sollte. Neuer Stoff und komplexe Aufgaben sind hierbei absolut tabu.

Das Gehirn nutzt dann die letzten positiven Eindrücke, um sie im Schlaf zu verarbeiten. Ob Sie danach die Unterlagen wirklich unter das Kopfkissen oder doch lieber neben das Bett legen, bleibt Ihnen überlassen.

Kurz vor dem Einschlafen lassen Sie ihre Gedanken einfach fließen. Sollten Sie bei den berühmten Katastrophenphantasien landen, so verändern Sie diese – wie beschrieben – in positive Notfall-Strategien. Sollten Sie Probleme mit dem Einschlafen haben, so bewirkt das Hören der wingwave-Musik wahre Wunder.

Körperliche Fitness in der Prüfungszeit

Für alle gilt: Es gibt nur diesen einen Prüfungstermin. Wer krank ist und nicht mit-

schreiben kann, muss auf die nächste Prüfung warten. Es gibt keinen Ersatztermin. Auszubildende im Prüfungsstress werden häufig kurz vor der Prüfung noch von einem Infekt eingeholt. Dies ist damit zu erklären, dass Stress einen nachweislich negativen Einfluss auf das Immunsystem hat. Der Stressabbau und eine gewisse Achtsamkeit für sich selbst sind daher auch eine wichtige Prüfungsvorbereitung. Hier noch einmal kurz die wesentlichen Faktoren, die für jeden Prüfling wichtig sind:

▶ Gesunde Ernährung,
▶ mindestens zwei Liter Wasser pro Tag,
▶ ausgleichende körperliche Bewegung,
▶ echte Entspannungsphasen,
▶ regelmäßige Lernpausen und
▶ genügend Schlaf.

Das oben beschriebene regelmäßige Thymusdrüsenklopfen ist ein Turbo für das Immunsystem.

Hilfe bei Prüfungsblockaden

Ruhe und Gelassenheit in der Prüfung sind ein wichtiger Erfolgsfaktor für Ihre Abschlussprüfung. Einige Prüflinge möchten allerdings eine gewisse Restanspannung und gesunde Aufregung behalten, um in der Prüfung hellwach und leistungsfähig sein zu können. Dies ist natürlich absolut okay, es ist nur wichtig zu wissen: Wie viel Anspannung ist förderlich und ab wann setzt die Behinderung für Sie persönlich ein? Jeder hat hier sein eigenes Maß.

Sollten Sie mit den dargestellten Selbstcoaching-Methoden keinen nachhaltigen Erfolg haben oder von sich selbst behaupten, massive Prüfungsangst zu haben, so kann Hilfe von außen in Form eines Prüfungscoachings sinnvoll sein. Insbesondere wenn sich Ihre Prüfungsangst in körperlichen Symptomen (Bauchschmerzen, Übelkeit, usw.) oder einem Blackout-Erlebnis aus früheren Prüfungssituationen äußert, sollten Sie sich Impulse bei einem ausgebildeten Coach holen. Die Kurzzeitcoaching-Methode wingwave bietet hier wirksame und schnelle Erfolge in nur zwei bis fünf Terminen. Neugierig? Eine ausführliche Darstellung dieser Methode finden Sie in der Bankfachklasse 03-05/2012.

Sie haben jetzt wertvolles Wissen über Lernstrategien und den Umgang mit Prüfungsstress erhalten. Die Umsetzung liegt ganz bei Ihnen. Nun fehlen Ihnen nur noch die „ultimativen Expertentipps" für den Umgang mit der schriftlichen und der mündlichen Prüfung. Diese finden Sie in den nächsten beiden Artikeln. ◀

Erfolgreiche Strategien – so werden Sie garantiert nervös

Zehn nicht ganz ernst gemeinte Tipps ☺:

1. Verlieren Sie sich in Katastrophenphantasien. Malen Sie sich alle denkbaren Horrorszenarien lebhaft aus.

2. Forschen Sie in sämtlichen Internetforen nach den möglichen Prüfungsthemen und nehmen Sie aktiv an den Diskussionsforen teil. Vergessen Sie den anschließenden direkten Austausch mit Ihren Mit-Auszubildenden nicht.

3. Ihre Prüfung wird die schwerste, die es je gegeben hat. Mit diesem Glaubenssatz fördern Sie Ihre Zuversicht.

4. Einfache Dinge lernen kann jeder. Sie hinterfragen jedes Thema ausführlich und setzen sich mit komplexen eventuellen Ausnahmesituationen auseinander.

5. Vergleichen Sie sich ständig mit dem Lernstil und dem Lernfortschritt Ihrer Mit-Auszubildenden.

6. Schlafen ist etwas für Babys. In den letzten Wochen vor der Prüfung können Sie auch mit weniger als sechs Stunden Schlaf auskommen. In den Nachtstunden lernt es sich sowieso am besten.

7. Pausen und Wiederholungen sind absolute Zeitverschwendung. Lassen Sie diese weg und bewegen Sie sich außerdem möglichst wenig.

8. Nervennahrung muss sein. Soft- bzw. Energy-Drinks und Schokolade sind daher Ihre Hauptnahrungsquelle.

9. Geteiltes Leid ist halbes Leid. Nutzen Sie die Gemeinschaft der Mit-Auszubildenden bis zur letzten Minute, um gemeinschaftlich zu jammern und zu zittern.

10. Lernen Sie bis zur letzten Sekunde. In den beiden letzten Tagen vor der Prüfung speichern Sie das meiste Wissen.

Literaturempfehlungen

- Besser-Siegmund, Cora (2010): Mentales Selbstcoaching (Anleitung zum Selbstcoaching für Alltag, Prüfungen und Zukunftsplanung)
- Besser-Siegmund, Cora (2008): Magic Words (wirksame Methode, um die stressende Wirkung von Worten und Sätzen positiv zu wandeln)
- Besser-Siegmund, Cora/Dierks, Marie-Luise/Siegmund, Harry (2007): Sicheres Auftreten mit wingwave –Coaching (viele Übungen zur Vorbereitung von Auftritten und Prüfungen, im Buch ist eine CD mit wingwave – Musik enthalten)
- Komarek, Iris (2010): Ich lern einfach (wertvolle Tipps zum Umgang mit Prüfungsstress)
- Mortan, Gaby und Florian (2009): Bestanden wird im Kopf (mentales Prüfungstraining auf Basis der Strategien von Spitzensportlern)
- Pagel, Karin (2009): Jeder Schüler ist ein Superschüler (Anleitung zum Lerncoaching für Ausbilder)

Internet

- www.wingwave.com (Informationen zur Coachingmethode wingwave und Möglichkeit zum Download der wingwave-Musik)
- www.potenziale-nutzen.de (weitere Informationen der Autorin zu den Themen Lerncoaching und wingwave)

PRÜFUNGSTIPPS

Prüfungsvorbereitung

Fit für die schriftliche Abschlussprüfung – die ultimativen Tipps

Sie befinden sich mitten in einer effektiven Vorbereitung für Ihre Abschlussprüfung? Sie haben die für Sie persönlich wertvollen Punkte der ersten beiden Artikel zur Lernorganisation und zur Prüfungsvorfreude umgesetzt? Super, dann fehlen Ihnen jetzt nur noch die abschließenden Prüfungsinformationen für die schriftliche Prüfung. Der dritte Teil der Serie zur Prüfungsvorbereitung bietet Ihnen detaillierte Tipps der Ausbildungsleiterin Judith Diekmann und eine Zusammenstellung von persönlichen „Geheimrezepten" erfolgreicher Prüflinge der Oldenburgische Landesbank AG.

▶ **Judith Diekmann**

Sie erinnern sich an die Prüfungsstrategien aus den ersten beiden Artikeln? Egal, ob Sie zu den „nervösen Hühnern" oder den „coolen Socken" gehören (einen „Vogel Strauß" gibt es nun einen Monat vor der Prüfung hoffentlich nicht mehr), diese Tipps sind für alle Prüflinge wichtig. Neben der fachlichen Vorbereitung sind auch Kenntnisse über den formalen Prüfungsablauf und eine sinnvolle Prüfungsstrategie ein entscheidender Schlüssel zum Erfolg.

Endspurt für die Vorbereitung auf die schriftliche Prüfung

Die letzten beiden Wochen vor der Prüfung sollten im Zeichen der Prüfungssimulation unter Einhaltung der vorgegebenen Prüfungsbedingungen stehen. Bearbeiten Sie alte Prüfungen unter Berücksichtigung der zeitlichen Vorgaben und ohne die Unterstützung Ihrer Lernunterlagen. Trainieren Sie dabei auch die effektive Nutzung der Formelsammlung.

Investieren Sie ausreichend Zeit in das Training der Fallstudien und formulieren Sie auf jeden Fall Ihre Lösungen für die Fallstudien komplett aus. Nutzen Sie dafür mög-

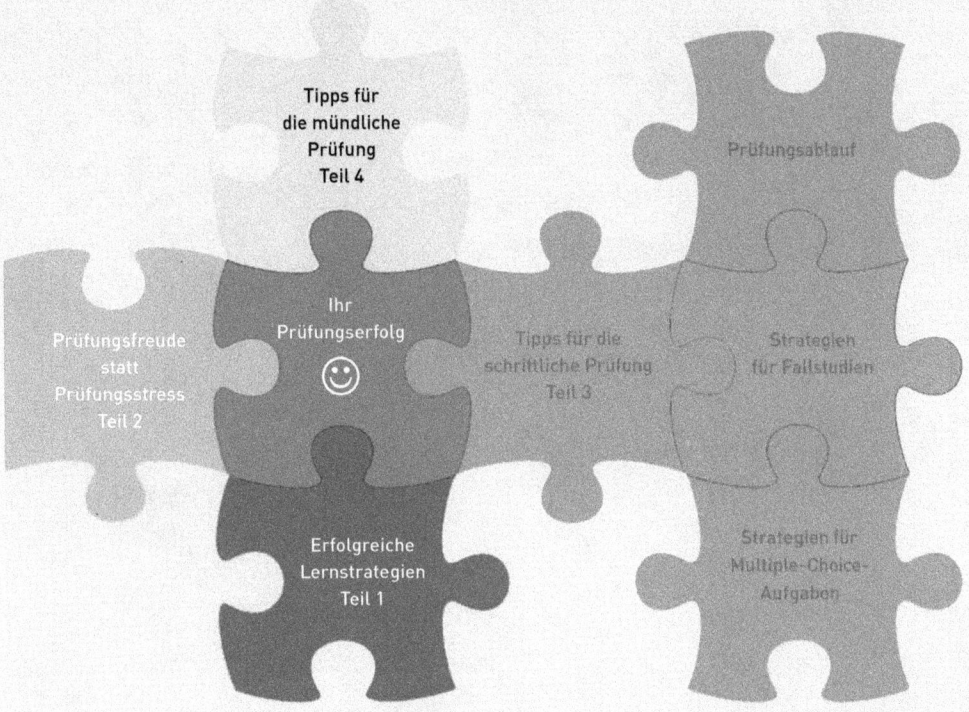

lichst das vorgegebene Layout (= liniertes Papier mit Rand). Häufig wird zum Lernen kariertes Papier genutzt und liniertes Papier ist damit zunächst sehr ungewohnt.

Schauen Sie sich zusätzlich die letzte Abschlussprüfung vollständig mit allen vorgesehenen Bearbeitungsbögen für die Antworten an. Lesen Sie in jedem Fall die Bearbeitungshinweise auf den Deckblättern der einzelnen Prüfungen. Hier finden Sie die genauen Handlungsanweisungen der IHK und bekommen sehr wichtige Informationen (Vorgabe für die Änderung von Lösungsziffern, Rundung von Zwischenergebnissen usw.). In der Prüfung haben Sie in der Regel keine Ruhe, um diese Hinweise genau zu lesen. Es wäre sehr ärgerlich, wenn Sie wertvolle Punkte verschenken, nur weil die Vorgaben von Ihnen nicht beachtet wurden. Informieren Sie sich zusätzlich, ob es für Ihre Prüfung neue Rahmenbedingungen gibt. Diese können Sie abrufen unter www.ihk-aka.de/aktuelles/pruefungsnews.

Ein Blick auf die jeweiligen Antwortbögen (konventionell und programmiert) ist sehr wichtig, da ausschließlich diese zur Bewertung herangezogen werden. Nebenrechnungen oder Lösungen in den Aufgabensätzen werden nicht berücksichtigt. Sie müssen außerdem auf diesen Bögen neben Ihrem Namen auch Ihre Prüflingsnummer eintragen, die Sie auf Ihrer Prüfungseinladung der IHK finden.

Beim Antwortbogen für die konventionellen Aufgaben (= Fallstudien) wird schnell übersehen, dass die mittleren Blätter nur als Konzeptpapier vorgesehen sind. Eintragungen auf diesem Konzeptpapier werden grundsätzlich nicht bewertet. Trennen Sie diese Doppelseite gleich zu Beginn der Prüfung heraus, um eine Beantwortung der Fragen auf dem Konzeptpapier zu verhindern. Seit der Prüfung Sommer 2012 gibt es einen kombinierten Frage- und Antwortbogen. Dieser gibt eine gute Orientierung und Strukturierung für die Beantwortung der Fragen.

Prüfungsablauf

Die Termine und der Prüfungsablauf sind bundesweit einheitlich. Eine Ausnahme bildet nur das Bundesland Baden-Württemberg. Am ersten Prüfungstag schreiben Sie vormittags die zweieinhalbstündige Prüfung „Bankwirtschaft" mit einem programmierten Teil (60 Minuten) und einem konventionellen Teil (90 Minuten). Sie bekommen beide Prüfungsteile zusammen ausgehändigt und können sich die Prüfungszeit frei einteilen. Starten Sie auf jeden Fall mit den programmierten Aufgaben, lösen Sie diese in Ruhe und sammeln Sie die ersten sicheren Punkte. In der Regel sind Sie nach rund 50 Minuten mit diesen Aufgaben fertig. Teilen Sie sich die verbleibende Zeit gleichmäßig für die drei Fallstudien ein (Kontoführung und Zahlungsverkehr, Geld- und Vermögensanlage und Kreditgeschäft). Sollten Sie zuerst mit den Fallstudien beginnen, so ist die Wahrscheinlichkeit hoch, dass die programmierten Aufgaben unter einem hohen Zeitdruck bearbeitet werden müssen. Das bedeutet ein sehr großes Risiko für Flüchtigkeitsfehler!

Am zweiten Prüfungstag schreiben Sie nachmittags die jeweils einstündigen Prüfungen „Wirtschafts- und Sozialkunde" und „Rechnungswesen und Steuerung". Diese Prüfungen bestehen ausschließlich aus programmierten Aufgaben. Beide Prüfungen werden getrennt voneinander geschrieben. Eine freie Zeiteinteilung zwischen den beiden Fächern ist damit nicht möglich.

Prüfungsausrüstung

Benutzen Sie in der Prüfung möglichst viele vertraute Dinge (zum Beispiel einen bekannten Taschenrechner, einen „eingeschriebenen" Stift). Tragen Sie bequeme Kleidung und

PRÜFUNGSTIPPS

denken Sie auch an eine ausreichende Wasserversorgung. Beachten Sie bei der Wahl des Taschenrechners, dass Sie nur einen nicht programmierten, netzunabhängigen Taschenrechner ohne Kommunikationsmöglichkeit mit Dritten (und natürlich auch keine Handys) verwenden dürfen. Es müssen teilweise vor Prüfungsbeginn im Beisein der Prüfer alle Programmierungen im Taschenrechner gelöscht werden.

Sollten Sie empfindlich bei Geräuschen von außen sein, so hat sich das Tragen von Ohrstöpseln während der Prüfungen sehr bewährt. An das Tragen der Ohrstöpsel sollten Sie sich allerdings schon während der Prüfungsvorbereitung gewöhnen. Ihren Glücksbringer dürfen Sie natürlich auch nicht vergessen ☺. Schokolade und andere Süßigkeiten essen Sie bitte als Belohnung *nach* der Prüfung. Zucker ist Gift für das Gehirn. Essen Sie vor der Prüfung Vollkornprodukte und Obst und in der Prüfung – falls Sie unbedingt etwas essen müssen – Bananen; diese sind eine optimale „Nervennahrung".

Bearbeitungsstrategien für die Fallstudien

Bei der Bearbeitung der Fallstudien ist ein konsequentes Zeitmanagement gefragt. Viele Prüflinge verlieren sich sehr schnell in der ausführlichen Beantwortung der Fälle und geraten so unter Zeitdruck. Sollten Sie absehen können, dass Sie mit der Zeit nicht mehr zurecht kommen, so schreiben Sie unbedingt in Stichworten weiter. Sie beantworten damit noch möglichst viele Fragen und bekommen hierfür zumindest noch Teilpunkte.

Lesen Sie zu Beginn eines Falls jeweils die gesamte (!) Fragestellung durch. Dann haben Sie einen Überblick, was zu diesem Thema alles gefragt wird. Sie vermeiden damit, dass Sie bei Frage 1 schon all' das schreiben, was eventuell erst bei Frage 5 gefordert wird. Antworten Sie genau auf die Fragestellung, da nur hierfür Punkte vergeben werden. Ein von Ihnen angegebener Hinweis, dass Ihre Antwort für Frage 1 auch als Antwort für Frage 5 gilt, wird nicht berücksichtigt.

Wird in der Aufgabenstellung eine genaue Anzahl von Angaben gefordert, so werden nur die ersten Antworten von Ihnen bewertet, überzählige Antworten werden nicht berücksichtigt. Beachten Sie außerdem die genaue Anforderung der Fragestellung (nennen, erläutern, begründen, beschreiben, ermitteln usw.). Die Zahl der zu erreichenden Punkte pro Frage gibt Ihnen ebenfalls einen wichtigen Anhaltspunkt für die Ausführlichkeit Ihrer Antworten.

Achten Sie unbedingt auf eine lesbare Schrift (!) und eine gewisse Ordnung und Übersichtlichkeit. Die Prüfer müssen in kurzer Zeit sehr viele Prüfungen bewerten und müssen Ihre Antworten gut entziffern und schnell finden können. Nicht lesbare oder zuzuordnende Antworten werden nicht bewertet. Sollten Sie bei Ihrer Beantwortung der Fragen ausnahmsweise von dem vorgesehenen Antwortschema abweichen müssen, so kennzeichnen Sie dies sehr deutlich.

Auch wenn Sie in einem Fall ein vermeintliches „Horrorthema" entdecken, bleiben Sie ruhig und bewahren Sie die Übersicht. Häufig sind die nachfolgenden Fragen trotzdem sehr gut zu beantworten oder Sie finden in der Anlage zu dem Fall die entscheidenden Produktmerkmale. In der Prüfung Winter 2010/2011 stöhnten beispielsweise viele Prüflinge über einen „Wohnriester-Fall". Das Produkt „Wohnriester" wurde aber nur in der Einleitung genannt und die anschließenden Fragen bezogen sich auf die ganz normalen und bekannten Riester-Merkmale. Zudem waren auch noch alle (!) benötigten Förder-

grenzen und Zulagen in einer Übersicht beigefügt. Also immer erst den kompletten Fall lesen und cool bleiben!

Bearbeitungsstrategien für die programmierten Aufgaben

Zeitmanagement ist auch hier besonders wichtig. Können Sie eine Aufgabe nicht sofort beantworten, so stellen Sie diese umgehend zurück. Beantworten Sie zunächst die für Sie gängigen bzw. einfachen Aufgaben und sammeln Sie sichere Punkte. Investieren Sie die verbleibende Zeit in die vermeintlich „schwereren" Aufgaben. Manchmal ist in der Zwischenzeit aber auch „der Groschen gefallen" und die Lösung fällt Ihnen viel leichter. Sollten Sie zu keiner eindeutigen Antwort kommen, so lassen Sie auf keinen Fall eine Frage unbeantwortet und folgen Sie Ihrer Intuition.

Sie dürfen in den Aufgabensätzen beliebig arbeiten (mit Textmarkern Schlüsselworte hervorheben, falsche Antworten gleich durchstreichen usw.); finden Sie hier Ihre eigene Bearbeitungstechnik. Die Anzahl der Kästchen auf dem Lösungsbogen gibt Ihnen einen verlässlichen Hinweis auf die geforderte Lösung (Anzahl der richtigen Antworten, Betragsgröße bei Rechenaufgaben). Einzige Ausnahme sind Kontierungsaufgaben (= Buchungssätze): hier können auf einer Kontenseite (Soll oder Haben) auch Kästchen für einzelne Konten frei bleiben.

Lesen Sie genau und achten Sie auf die typischen „Fallen" und Signalwörter. Denken Sie nicht zu kompliziert, einige Aufgaben sind wirklich einfach zu beantworten. Nutzen Sie die Formelsammlung effektiv und schreiben Sie bei Berechnungsschemata die Zahlenwerte direkt hinein. Dadurch sparen Sie sehr viel Zeit. Sollten Sie am Ende Zeit für eine Kontrolle der Aufgaben haben, so denken Sie daran, dass die erste Antwort oft die richtige ist.

In der Prüfung Sommer 2011 wurde erstmalig wieder eine Gleichgewichtung der Aufgaben vorgenommen (analog zur Zwischenprüfung). Dies hat zur Folge, dass einfache und schwere Aufgaben mit der gleichen Anzahl an Punkten bewertet werden. Seit der Prüfung Sommer 2012 wurden zusätzlich Teilaufgaben abgeschafft, was das Zeitmanagement einfacher macht. Jede Aufgabe bringt gleich viele Punkte! Sammeln Sie daher zunächst mit den einfachen Aufgaben möglichst viele Punkte. Halten Sie sich nicht mit einzelnen schweren Aufgaben auf.

Drei Schlüssel zum Prüfungserfolg

Bleiben Sie *ruhig und gelassen*, auch bei Aufgaben oder Themen, die Ihnen zunächst schwerer fallen. Nutzen Sie die Selbstcoaching-Techniken aus dem zweiten Artikel.

Investieren Sie Zeit und Ruhe in *genaues Lesen* (gegebenenfalls auch mehrfach) und Verstehen der Aufgabenstellungen. Die größte Fehlerquelle liegt bei den Flüchtigkeitsfehlern und nicht im fehlenden Wissen!

Ein gutes *Zeitmanagement* ist der entscheidende Erfolgsfaktor. Die verlorenen Punkte aus komplett nicht bearbeiteten Aufgaben können Sie in der Regel auch nicht durch einige „perfekt" beantwortete Fragen wieder aufholen. Stellen Sie die Beantwortung von Fragen, bei denen Sie sich „festbeißen", konsequent zurück.

Tipps erfolgreicher Prüflinge

Zum Abschluss finden Sie eine Zusammenstellung der persönlichen Prüfungstipps von erfolgreichen Prüflingen, die ihre Abschlussprüfung mit der Note „sehr gut" absolviert haben. Damit haben Sie alle wichtigen Informationen für eine erfolgreiche schriftliche Prüfung erhalten. Jetzt geht es an das Umsetzen – ich wünsche Ihnen viel Erfolg dabei!

Eine wichtige Herausforderung liegt nach der schriftlichen Prüfung noch vor Ihnen. Im nächsten Artikel finden Sie Informationen und Tipps für die Vorbereitung auf Ihre mündliche Prüfung. ◀

Von Prüflingen für Prüflinge: die persönlichen Prüfungstipps

In den letzten Wochen vor der Prüfung:

- Belohnungen nach einem erfolgreichen Lerntag oder besonders schwierigen Themenbereichen einbauen (etwas mit Freunden unternehmen, Essen gehen, Kino usw.) – das fördert die Motivation.
- Kontinuierlich auch unter der Woche lernen und nicht nur am Wochenende – dann wird das Lernen zur Routine und man muss sich nicht immer neu aufraffen.
- Realistische (!) Tages-Lernziele setzen und einhalten – das fördert effektives Arbeiten und man übertreibt es nicht mit den Pausen.
- Für Abwechslung beim Lernen sorgen (Fächer abwechseln, Prüfungsaufgaben machen, Zusammenfassungen schreiben).
- Schon in der Lernphase Lernerfolge und Fortschritte genießen und „feiern".
- Sich das Lernen „verschönern" (angenehmes Arbeitsumfeld, nette Pausen, fröhliche Stimmung und Optimismus).
- Sich echte Pausen gönnen und auch weiterhin Kontakte zu Freunden halten und Hobbys pflegen.
- Immer das persönliche Ziel vor Augen haben, verbunden mit einer positiven Grundeinstellung und der Vision „in ... Wochen habe ich es hinter mir".
- Den Lernplan sichtbar beim Schreibtisch aufhängen – das unterstützt die Lernmotivation (man kann sehen, wenn man hinterher hängt – es ist aber auch nett, wenn man etwas abhaken kann).
- Die persönlich optimale Uhrzeit zum Lernen nutzen – je nachdem, zu welcher Tageszeit man am effektivsten Lernen kann.
- Regelmäßige Lerngruppentreffen mit anderen Auszubildenden zwingen zum Lernen – man will nicht hinterher hängen und bereitet sich automatisch gut vor.
- In den beiden letzten Wochen vor der Prüfung unbedingt Prüfungsaufgaben unter Prüfungsbedingungen (= Zeitlimit) simulieren – das Zeitmanagement zu trainieren, ist genauso wichtig, wie die inhaltliche Vorbereitung.

Am Tag vor der Prüfung:

- Nur noch wiederholen und keinen neuen Stoff mehr lernen.
- Wenn es geht: abschalten, entspannen und nette Dinge unternehmen.
- Wenn es doch sein muss: tagsüber Lernsachen noch mal locker durchgehen, am Abend für Ablenkung sorgen.
- Sich auf den Moment freuen, wenn man die Prüfung hinter sich hat – das bringt ein wenig gute Laune ☺!

Am Tag der Prüfung:

- Ausgeschlafen sein und auf jeden Fall etwas essen.
- Für Ablenkung durch andere Personen (zum Beispiel Familie) sorgen.
- Pünktlich losfahren!
- Hilfreiche Glaubenssätze:
  „Bald habe ich es hinter mir!"
  „Die anderen haben es auch schon geschafft und überlebt."
  „Ich bin gut vorbereitet und deshalb schaffe ich das."
  „Ich habe genug gelernt und bestehen werde ich auf jeden Fall. Das ist die Hauptsache!"

In der schriftlichen Prüfung:

- Kaugummi kauen – das beruhigt!
- Immer kurze Pausen machen: verschnaufen und einen Schluck Wasser trinken.
- Eine Uhr auf den Tisch legen und die Zeit immer im Auge behalten – man denkt häufig, dass man noch viel mehr Zeit hat, als tatsächlich noch zur Verfügung steht.
- Die jeweilige Aufgabe in Ruhe durchlesen und gegebenenfalls Stichworte markieren.
- Bei Aufgaben mit mehreren Unterpunkten alle Unterpunkte vor dem Bearbeiten durchlesen.
- Die erste Antwort ist meist die richtige – man neigt schnell dazu, etwas zu ändern, was doch richtig war.
- In der Prüfung die anderen Prüflinge ignorieren – wer früh abgibt hat nicht unbedingt das beste Prüfungsergebnis.
- Hilfreiche Glaubenssätze:
  „Es sind doch auch nur normale Aufgaben."
  „Ich kann das!"
  „Ich bin gut vorbereitet, ich habe genug gelernt!"

Von Prüflingen für Prüflinge: die persönlichen Prüfungstipps

Zeitmanagement ist der Schlüssel zum Erfolg:

- Zu Beginn einen groben Überblick verschaffen und eine Zeitplanung machen. Grundsätzlich die Aufgaben dann der Reihe nach bearbeiten.
- Nie an einer Aufgabe festbeißen und wertvolle Zeit verschwenden. Man muss schnell loslassen können und woanders die nötigen Punkte sammeln. So verhindert man auch Panikgefühle, da man sonst nur noch an diese eine Aufgabe denkt.
- Am Ende die nicht erledigten Aufgaben angehen, mit dem guten Gefühl, dass man die anderen Aufgaben bereits gut gelöst hat. Einfach ganz unbefangen von vorne anfangen und die Aufgabe mehrfach lesen, da man häufig „den Wald vor lauter Bäumen nicht sieht".
- In der Prüfung Bankwirtschaft immer erst in Ruhe die programmierten Aufgaben machen und die restliche Zeit in die Fallstudien investieren. Bei den einzelnen Fallstudien die Zeit immer konsequent dritteln und sich mit einer Fallstudie nicht länger als geplant aufhalten.
- Immer die Punkte im Blick haben, die es für die einzelne Aufgabe gibt und danach die zeitlichen Schwerpunkte legen.

TABUS = was man unbedingt vermeiden sollte:

- Sich von Freunden und Familie „bequatschen" lassen – jeder muss so lernen, wie er es für richtig hält.
- Sich selbst verrückt machen – man konzentriert sich nicht mehr auf das Wesentliche.
- Sich von den Verhaltensweisen oder den angeblichen Lernerfolgen der anderen Prüflinge verrückt machen lassen – jede „Panik" ist kontraproduktiv.
- Vor den Prüfungen noch neue Sachen lesen oder versuchen etwas aufzuholen – was bis dahin nicht bekannt ist, lernt man dann auch nicht mehr.
- Direkt vor den Prüfungen noch Lerninhalte durchgehen oder Themen mit anderen Prüflingen diskutieren – das bringt durcheinander und macht nervös.
- Sich selbst zu stark unter Druck setzen – nur ein gesundes Maß an Druck ist sinnvoll.
- Die Nächte vor den Prüfungen noch zum Lernen nutzen – das Wichtigste ist, ausgeschlafen zu sein.
- Zu spät zu den Prüfungen losfahren – lieber vorher noch in Ruhe „um den Block gehen".
- Sich an einzelnen Aufgaben bzw. Fragen festbeißen – Zeitmanagement ist der Erfolgsfaktor in den Prüfungen.
- Panik schieben – möglichst ruhig und gelassen bleiben (auch wenn etwas nicht gleich funktioniert), das hilft am besten ☺!

Herzliches Dankeschön für die wertvollen Prüfungstipps an die ehemaligen Prüflinge der Oldenburgische Landesbank AG: Eva-Maria Blömer, Gerrit Johannes, Benedikt Mann, Jessica Niehaus, Britta Oeljeschläger, Nils Pagel, Sandra Plümer, Bernd Rathkamp, Hendrik Spille, Thorsten Stallknecht, Brigitta Varel, Imke Völz und Svenja Wittfeld.

Literaturempfehlungen

Gabler Verlag:	Trainingsbücher für alle Prüfungsfächer
U-Form-Verlag:	IHK-Abschlussprüfungen und Lösungserläuterungen
	Trainingsbücher für alle Prüfungsfächer
Bildungsverlag EINS, Lenders, Mitzsche, Nöldner, Wierichs (2012):	Prüfungspraxis Bankkaufmann/Bankkauffrau (Prüfungsaufgaben für alle schriftlichen Prüfungsfächer)

PRÜFUNGSTIPPS

Prüfungsvorbereitung

Endspurt – Strategien für die mündliche Abschlussprüfung

Die letzte Herausforderung liegt noch vor Ihnen: die mündliche Prüfung. Dann sind Sie endlich Bankkauffrau oder Bankkaufmann! Auch wenn Sie nach der schriftlichen Prüfung verständlicherweise in ein Motivationsloch fallen: Es steht noch ein Drittel Ihrer Gesamtnote auf dem Spiel! Im vierten Teil der Serie zur Prüfungsvorbereitung finden Sie wichtige Prüfungstipps der Ausbildungsleiterin Judith Diekmann und eine Zusammenstellung von persönlichen „Geheimrezepten" erfolgreicher Prüflinge der Oldenburgische Landesbank AG für Ihre mündliche Prüfung.

▶ **Judith Diekmann**

Geschafft, die schriftliche Prüfung ist vorbei! Jetzt können Sie wochenlang in Internetforen nach den richtigen Lösungen forschen, über schwammig formulierte Aufgaben diskutieren oder zittern, bis endlich die vorläufigen Ergebnisse kommen ... oder Sie tun etwas Sinnvolles und lernen für die mündliche Prüfung!

Motivation für die mündliche Prüfung

Die Zeit bis zum Prüfungstermin ist meist sehr kurz und eine gute Vorbereitung auf die mündliche Prüfung hat viel mit Gesprächserfahrung und Routine zu tun. Motivieren Sie sich also nach der schriftlichen Prüfung schnell und fangen sofort mit dem Üben von Kundengesprächen an.

Nach der Bekanntgabe der vorläufigen schriftlichen Prüfungsergebnisse, die bei vielen Industrie- und Handelskammern mittlerweile über das Internet erfolgt, können Sie die erforderlichen Punkte für Ihre angestrebte Gesamtnote ausrechnen (siehe Abbildung). Sie haben damit eine Übersicht, welche Höchstnote Sie erreichen können und auch, wie wenig Punkte im schlimmsten Fall zum Bestehen reichen würden.

Rahmenbedingungen für die mündliche Prüfung

Die schriftliche Prüfung wird bundeseinheitlich gestellt (mit Ausnahme von Baden-Württemberg). Bei der mündlichen Prüfung haben die Industrie- und Handelskammern und die einzelnen Prüfungsausschüsse einen gewissen Handlungsspielraum. Daher sollten Sie sich vorab möglichst detailliert über die örtlichen Besonderheiten informieren. Besonders wichtig ist die Information, ob Sie eine Beratermappe mit den banküblichen Verkaufshilfen und Produktinformationen nutzen dürfen.

Sie bekommen an jedem IHK-Prüfungsstandort zwei Situationen für Kundengespräche aus den Gebieten „Kontoführung und Zahlungsverkehr", „Geld- und Vermögensanlage" und „Kreditgeschäft" vorgelegt und müssen sich für einen der beiden Fälle entscheiden. In einer 15-minütigen Vorbereitungszeit können Sie sich auf das Gespräch einstellen. Anschließend führen Sie mit einem der Prüfer ein 20-minütiges Kundengespräch.

Die Note setzt sich zu 60 % aus Ihrer Verhaltenskompetenz und zu 40 % aus Ihrer gezeigten Fachkompetenz zusammen. Vom DIHK wurde ein Beobachtungs- und Bewertungsbogen entwickelt, der sehr gut die zu bewertenden Kriterien aufzeigt (siehe Abbildung). Dieser Bogen wird zwar von einigen Industrie- und Handelskammern und Prüfungsausschüssen in leicht abgewandelter Form genutzt, er gibt Ihnen aber dennoch eine wertvolle Orientierungshilfe für die Vorbereitung.

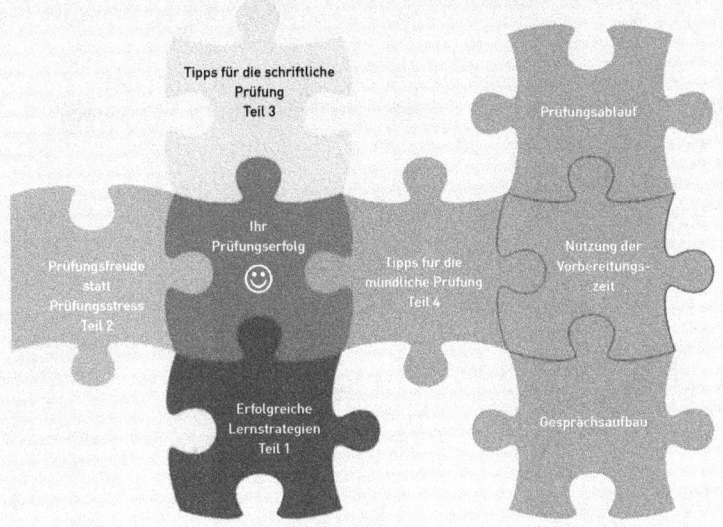

Vorbereitungsstrategien

Die beste Vorbereitung ist: üben, üben, üben! Gesprächserfahrung und Routine sind die Erfolgsschlüssel dieses Prüfungsteils. Nehmen Sie an Kundengesprächen teil, führen Sie möglichst viele eigene Kundengespräche und üben Sie intensiv mit anderen Auszubildenden und Kollegen.

Stellen Sie sich auf alle drei Themenbereiche ein und schließen Sie nicht im Vorfeld einen Bereich aus. Üben Sie insbesondere alle gängigen Kundensituationen und erstellen Sie sich hierfür Gesprächsleitfäden.

Üben Sie unbedingt die üblichen Berechnungen (Rendite, Ratenkredite, Baufinanzierungen usw.), da es hier vielfach zu gravierenden Problemen in der Prüfung kommt. Halten Sie sich bei den Gesprächssimulationen unbedingt an den Zeitrahmen von 20 Minuten. Informieren Sie sich über die aktuellen Konditionen. Insbesondere die Konditionen Ihres Ausbildungsbetriebes sollten Sie am Tag vor der Prüfung nochmals aktuell abfragen.

Sollten Sie eine Beratermappe nutzen dürfen, so informieren Sie sich über die erlaubten Inhalte. Strukturieren und aktualisieren Sie die Mappe im Vorfeld und üben Sie dann die effektive Nutzung und den Einsatz der Unterlagen.

Bei der mündlichen Prüfung sorgt die Beobachtung durch mehrere Personen und das direkte Feedback durch die Prüfer bei vielen Auszubildenden für einen höheren Stressfaktor als bei der schriftlichen Prüfung. Setzen Sie hier unbedingt die Selbstcoaching-Methoden aus dem Artikel „Prüfungsfreude statt Prüfungsstress" ein.

Lesen Sie kurz vor der Prüfung noch einmal genau Ihre Prüfungseinladung durch und achten Sie auf die Unterlagen, die Sie bei der Prüfung als „Eintrittskarte" zwingend vorlegen müssen: Einladungsschreiben, Berichtsheft, Personalausweis usw. Erscheinen Sie zur Prüfung in Bankkleidung und nehmen Sie Ihre „Beraterausrüstung" mit: Namensschild, Visitenkarte, Kugelschreiber, Notizblock usw.

Begrüßung im Prüfungsausschuss

Zunächst einmal: Prüfer sind auch nur Menschen! Sie freuen sich über gut gelaunte und selbstbewusste Prüflinge. Strahlen Sie schon bei der Begrüßung und der Abhandlung der Regularien vor dem Beginn des Kundengesprächs Kompetenz und Sicherheit aus.

Sollten Sie sich sofort im Beisein des Prüfungsausschusses für einen der beiden Kundenfälle entscheiden müssen, so lesen Sie sich beide Fälle in Ruhe durch und entscheiden sich danach souverän für einen Fall. Müssen Sie die Entscheidung für einen Fall erst in der Vorbereitungszeit treffen, so verwenden Sie nicht zu viel Zeit dafür.

Nutzung der Vorbereitungszeit

Lesen Sie sich den gewählten Fall nochmals genau durch. Kennen Sie den Kunden bereits persönlich? Welchen Gesprächseinstieg wählen Sie? Welche Kundeninformationen liegen Ihnen vor? Welche Analysefragen müssen Sie stellen? Welche Cross-Selling-Ansätze bieten sich an? Erstellen Sie auf dieser Grundlage einen Gesprächsleitfaden in Stichworten.

Erfinden Sie keine zusätzlichen Kundendaten, auch wenn Sie diese normalerweise bei einem Kunden in der Praxis vorliegen hätten. Der Prüfer hat sich eine eigene Kundenstory zurecht gelegt und könnte unflexibel auf Ihre Änderungen reagieren. Nutzen Sie aber in jedem Fall die angegebenen Kundendaten. Ist beispielsweise der

PRÜFUNGSTIPPS

Wie viele Punkte brauche ich in der mündlichen Prüfung?

▶ **Notenberechnung**

Für alle Noten (Einzel- und Gesamtnote) gilt das folgende Notenschema:

100 bis 92 Punkte = sehr gut
 91 bis 81 Punkte = gut
 80 bis 67 Punkte = befriedigend
 66 bis 50 Punkte = ausreichend
 49 bis 30 Punkte = mangelhaft
unter 30 Punkte = ungenügend

Die Ergebnisse werden für die Bestimmung der Einzelnoten und bei der Errechnung der Gesamtnote immer kaufmännisch gerundet.

▶ **Berechnung der Note für das Fach Bankwirtschaft**

Konventioneller Teil: Wertung zu 60 %
Programmierter Teil: Wertung zu 40 %
= Gesamtergebnis Bankwirtschaft

Diese gewichtete Note wird sofort von der IHK berechnet und nur diese wird auch im Prüfungszeugnis dokumentiert. Die Aufschlüsselung der beiden Teile bekommen Sie nur bei einigen IHKs mitgeteilt.

▶ **Zusammensetzung der Gesamtnote**

Bankwirtschaft (Gesamtergebnis)	x 2
Wirtschafts- und Sozialkunde	x 1
Rechnungswesen und Steuerung	x 1
Kundenberatung	x 2

Gesamtpunktzahl : 6 = Gesamtnote

▶ **Berechnung der noch benötigten Punkte in der mündlichen Prüfung**

Berechnung der bislang erreichten Punktzahl
(immer auf Basis der gerundeten Einzelnoten)

Bankwirtschaft (Gesamtergebnis)	x 2
Wirtschafts- und Sozialkunde	x 1
Rechnungswesen und Steuerung	x 1

= bislang erreichte Punktzahl

Berechnung der notwendigen Gesamtpunkte
(unter Berücksichtigung der kaufmännischen Rundung der Gesamtnote)

91,5 x 6 = 549 Punkte = sehr gut
80,5 x 6 = 483 Punkte = gut
66,5 x 6 = 399 Punkte = befriedigend
       unter 399 Punkte = ausreichend

Sie haben die Prüfung in jedem Fall bestanden, wenn Sie alle Fächer mit mindestens "ausreichend" bestanden haben und somit insgesamt 300 Punkte erreicht haben.

Die Prüfung ist immer nicht bestanden, wenn ein Fach mit „ungenügend" oder drei Fächer mit „mangelhaft" bewertet worden sind. Sollten ein oder zwei Fächer mit „mangelhaft" bewertet worden sein, so gibt es verschiedene Prüfungsvorschriften zu beachten. Setzen Sie sich in diesem Fall bitte umgehend mit Ihrem Ausbilder in Verbindung. Dieser wird Ihnen die Bedingungen für eine eventuelle Ergänzungsprüfung und die Voraussetzungen für das Bestehen der Prüfung erläutern.

Berechnung der benötigten Punkte in der mündlichen Prüfung

$$\frac{\text{notwendige Gesamtpunktzahl} - \text{bislang erreichte Punktzahl}}{2} =$$

Note in der mündlichen Prüfung

Beispiel:

Bankwirtschaft (Gesamtergebnis)	85 Punkte x 2
Wirtschafts- und Sozialkunde	86 Punkte x 1
Rechnungswesen und Steuerung	85 Punkte x 1
= bislang erreichte Punktzahl	= 341 Punkte

Prüfungsziel: Gesamtnote „sehr gut"

$$\frac{549 - 341}{2} = 104 \text{ Punkte}$$

Die Note „sehr gut" kann nicht mehr erreicht werden, da über 100 Punkte in der Prüfung erreicht werden müssten.

Prüfungsziel: Gesamtnote „gut"

$$\frac{483 - 341}{2} = 71 \text{ Punkte}$$

Für die Note „gut" müssen nur noch 71 Punkte erreicht werden.

Prüfungsziel: Gesamtnote „befriedigend"

$$\frac{399 - 341}{2} = 29 \text{ Punkte}$$

Zum Bestehen der Prüfung müssen nur noch 30 Punkte erreicht werden, damit kein Fach mit der Note „ungenügend" bewertet worden ist (= Prüfung nicht bestanden). Mit einer mangelhaften Leistung würde die Prüfung trotzdem noch mit der Note „befriedigend" bestanden werden, da ein Fach mit der Note „mangelhaft" bewertet werden darf.

Prüfungsfach „Kundenberatung" Beobachtungs- und Bewertungsbogen			
Name/ Vorname:	Kreditinstitut:		
Prüfungstag:	Uhrzeit: von		bis
Prüfungsfall:	Prüfer/ "Kunde":		
A Verhaltenskompetenz	Anmerkungen		
I. Kontaktverhalten			
- zeigt Interesse für den Kunden			
- baut Kontakt zum Kunden auf (z.B. Namensnennung, Blickkontakt, Gestik)			
- schafft eine angenehme Atmosphäre			
II. Informations- und Analyseverhalten			
- erfragt und analysiert die Kundenbedürfnisse			
- hört konzentriert zu, lässt Kunden ausreden			
- nennt Konditionen und vertragliche Verpflichtungen			
- behält den roten Faden			
III. Verkaufsverhalten			
- überzeugt Kunden mit Argumenten			
- bietet passende Problemlösungen an			
- ist zielsicher beim Abschluss			
- erkennt/ nutzt weitere Beratungs- und Verkaufschancen			
B Fachkompetenz			
Berechnung des Ergebnisses	Punkte	Faktor	Ergebnis
A Verhaltenskompetenz		x 0,6	
B Fachkompetenz		x 0,4	
C Gesamtergebnis		./.	./.
Ort, Datum	Unterschriften des Prüfungsausschusses		

100-92 Punkte = Note 1, unter 92-81 Punkte = Note 2, unter 81-67 Punkte = Note 3, unter 67-50 Punkte = Note 4, unter 50-30 Punkte = Note 5, unter 30-0 Punkte = Note 6

Kaufpreis bei einer Baufinanzierung bereits angeben, so rechnen Sie bereits die anfallenden Nebenkosten aus.

Legen Sie sich nicht auf einzelne Produkte fest. Dies gilt insbesondere für Kundenfälle im Bereich Anlageberatung. Warten Sie die Analysephase im Gespräch ab und entscheiden Sie erst dann, was für Ihren Kunden sinnvoll ist. Ansonsten besteht die Gefahr, dass man als Berater zu sehr auf dieses Produkt fixiert ist, die Analyse zu kurz ausfällt und der Kunde ein unpassendes Produkt angeboten bekommt.

Gesprächsstrategien

Im Gespräch sind Sie der kompetente Berater und führen souverän durch das Gespräch. Bei Zwischenfragen durch den Kunden achten Sie darauf, dass Sie sich die Gesprächsführung schnell wieder „zurückerobern". Achten Sie darauf, dass Sie alle Gesprächsphasen (Kontakt, Analyse, Verkauf) durch-laufen. In der Analysephase legen Sie den Grundstein für ein gutes Prüfungsergebnis, da eine umfassende Analyse die Voraussetzung für ein optimales Kundenangebot ist. Hier werden erfahrungsgemäß häufig sehr viele wichtige Fragen vergessen, was dann in der Verkaufsphase zu Problemen führt. Am Ende sollten Sie – je nach Situation – einen Abschluss anstreben oder einen festen Folgetermin vereinbaren. Sehr wichtig ist auch die Präsentation Ihrer Cross-Selling-Ideen.

Ein echter „Zeitfresser" in der Prüfung ist das detaillierte Protokollieren aller Kundendaten. Zudem unterbricht jede Notiz den Gesprächsfluss. Schreiben Sie sich daher nur kurz die Informationen und Zahlen auf, die wirklich notwendig sind. Die allgemeinen Kundeninformationen (Beruf, Familiensituation usw.) werden Sie sich mit Sicherheit für 20 Minuten merken können.

Hören Sie dem Prüfer genau zu und gehen Sie auf seine persönliche Situation ein. Reagieren Sie flexibel auf unvorhergesehene Kundeneinwände oder ungewöhnliche Kundensituationen. Ihre Gesprächsroutine aus den „normalen" Fällen wird Ihnen ganz sicher bei der Lösung helfen.

Drei Schlüssel zum Prüfungserfolg

Sie sind der kompetente Berater und haben die Gesprächsführung in der Hand. Strahlen Sie in jeder Gesprächsphase Sicherheit aus.

Bleiben Sie ruhig und gelassen, auch bei den Fragen des Prüfers, die Sie nicht gleich beantworten können. Bieten Sie gegebenenfalls eine Klärung durch Spezialisten an und führen Sie dann das Gespräch weiter. Ein gutes Zeitmanagement ist auch hier der entscheidende Erfolgsfaktor. Zeigen Sie in jedem Fall alle Gesprächsphasen und denken Sie an die Cross-Selling-Ansätze.

Tipps erfolgreicher Prüflinge

Abschließend finden Sie eine Zusammenstellung der persönlichen Prüfungstipps von erfolgreichen Prüflingen, die ihre Abschlussprüfung mit der Note „sehr gut" absolviert haben. Damit sind Sie jetzt gut gerüstet für den letzten Schritt auf dem Weg zu Ihrer erfolgreichen Abschlussprüfung! Ich wünsche Ihnen viel Erfolg und drücke Ihnen die Daumen! ☺ ◄

Von Prüflingen für Prüflinge: die persönlichen Prüfungstipps

Bausteine einer sinnvollen Vorbereitung:
- Übung macht den Meister! Jedes Gespräch mit einem echten Kunden, mit Kollegen oder Mit-Auszubildenden bringt Routine und Erfahrung. Auch Gesprächsteilnahmen in der Beobachterrolle sind sehr wertvoll.
- Das Simulieren von Fällen in der Azubi-Gruppe ist sehr hilfreich (siehe Literaturempfehlungen).
- Die Standardfälle müssen unbedingt sitzen, die „exotischeren" Fälle sollte man erst an zweiter Stelle üben. Alle drei Themenfelder (Kontoführung und Zahlungsverkehr, Geld- und Vermögensanlage und Kreditgeschäft) sollten beherrscht werden.
- Gesprächsleitfäden geben Sicherheit und sollten für alle gängigen Fälle erarbeitet werden.
- Die Einwandbehandlung (wie Preis/Zinssatz) intensiv trainieren, um in der Prüfung gelassen bleiben zu können und den Kunden schnell wieder für sich gewinnen zu können.
- Wenn man eine Beratermappe benutzen darf, so sollte diese aktuell und übersichtlich gestaltet sein – man muss schnell auf die wichtigen Dinge zugreifen können.
- Die fachlichen Produktinhalte müssen sitzen, damit man sich in der Prüfung ganz auf die Gesprächsführung konzentrieren kann.

Auswahl des Kundenfalls:
- Zügig für einen Fall entscheiden! Die Vorbereitungszeit von 15 Minuten ist sehr knapp! Nicht ärgern, wenn der Wunschfall nicht dabei ist – man kann es sowieso nicht ändern.
- Auch bei zwei ungünstigen Fällen nicht verzweifeln, sondern einfach das Beste daraus machen und sich etwas einfallen lassen. Die Leitfäden aus den Standardfällen helfen einem auch bei den „exotischeren" Fällen.
- Den Fall nach den persönlichen Vorlieben und Stärken auswählen und nicht auf die Empfehlung anderer hören. Die vermeintlich einfachen Fälle sind häufig die schwereren.

Nutzung der Vorbereitungszeit:
- Den Fall mehrmals genau lesen und einen passenden Gesprächsleitfaden in Stichworten (!) erstellen.
- Die entsprechenden Unterlagen aus der Beratermappe bereitlegen.

Strategien im Prüfungsgespräch:
- Immer gelassen und souverän im Gespräch bleiben und sich nicht verunsichern lassen!
- Den vorbereiteten Leitfaden anwenden und gegebenenfalls im Kundengespräch situativ anpassen, um auf Kundenaussagen individuell reagieren zu können. Den „roten Faden" auf jeden Fall beibehalten.
- Die Analyse ist der wichtigste Gesprächsteil. Nur mit einer guten Analyse findet man das passende Produkt für den Kunden.
- Das Gespräch auf jeden Fall selber lenken und nicht aus der Ruhe bringen lassen, ansonsten kann der Prüfer zu viele Fragen stellen.
- Bei unvorhersehbaren Kundenaussagen ruhig bleiben und gegebenenfalls einmal laut die Aussage/Frage wiederholen. Meist findet man nach einer kurzen Denkpause eine Lösung.
- Sollte man etwas wirklich nicht beantworten können, so kann man die Klärung über einen Spezialisten und eine telefonische Rückmeldung anbieten.
- Das Zeitmanagement ist wieder elementar wichtig, denn alle Gesprächsphasen müssen durchlaufen werden. Nicht zu viel Zeit mit Small Talk verlieren und am Ende unbedingt einen Abschluss anstreben oder einen Folgetermin vereinbaren.
- Hilfreiche Glaubenssätze:
"Ich bin gut vorbereitet, ich kann auch mit unvorhergesehenen Fragen der Prüfer umgehen!"
"Prüfer sind nette Menschen; die möchten auch, dass ich eine gute Prüfung mache."

TABUS = was man unbedingt vermeiden sollte:
- Mit einer zu hohen Erwartung in die Prüfung gehen – in der mündlichen Prüfung braucht man auch ein wenig Glück!
- Sich von jeder Bemerkung des Prüfers aus der Bahn werfen lassen – möglichst ruhig und gelassen bleiben; es gibt immer eine Lösung!
- In den ersten Phasen zu viel „quatschen" – unbedingt alle Gesprächsphasen zeigen; das Zeitmanagement ist ein wichtiger Erfolgsfaktor.

Herzliches Dankeschön für die vielen wertvollen Prüfungstipps an die ehemaligen Prüflinge der Oldenburgische Landesbank AG:
Eva-Maria Blömer, Gerrit Johannes, Benedikt Mann, Jessica Niehaus, Britta Oeljeschläger, Nils Pagel, Sandra Plümer, Bernd Rathkamp, Hendrik Spille, Thorsten Stallknecht, Brigitta Varel, Imke Völz und Svenja Wittfeld.

Literaturempfehlungen

Schütz, Achim (2012):	Kundenberatung: praxisbezogene Kundenfälle für die mündliche Prüfung, gut geeignet für Übungsgruppen
Geyer, Günther (2009):	Das Beratungs- und Verkaufsgespräch in Banken: Grundlagenwissen für Beratungs- und Verkaufsgespräche in Banken
Rotermund, Heinz; Schubert, Andreas (2007)	Fit für die mündliche Prüfung: praxisbezogene Kundenfälle für die mündliche Prüfung, gut geeignet für Übungsgruppen

Abschlussprüfung

Bankwirtschaft – Konventionelle Aufgaben

▶ Jürgen Muthig

1. Aufgabe – Zahlungsverkehr Ausland
Herr Ulrich Stein, Prokurist der ELVA-Werke GmbH, ist wie vereinbart zu einem Beratungstermin bei Ihnen erschienen. Die ELVA-Werke GmbH hat sich auf die Herstellung hochwertiger Komponenten für HiFi-Anlagen spezialisiert und verkauft ihre Produkte an langjährige Kunden in Brasilien.

1. Frage
Nennen Sie mindestens vier Risiken, die der Export von Waren grundsätzlich mit sich bringt und beschreiben Sie diese.

2. Frage
Welche Möglichkeiten würden Sie der Firma ELVA-Werke GmbH empfehlen, um die von Ihnen beschriebenen Risiken abzusichern.

3. Frage
Machen Sie Herrn Stein einen Vorschlag, wie die ELVA-Werke GmbH kostengünstig die Abwicklung der Lieferungen nach Brasilien vornehmen kann. Herr Stein möchte jedoch sichergestellt wissen, dass die Abnehmer der Ware weiterhin die Ware erst nach Zahlung des Rechnungsbetrages in Empfang nehmen können. Seine Abnehmer sind jedoch nicht bereit, die Ware im Voraus zu bezahlen.
Beschreiben Sie die beiden möglichen Varianten dieser Zahlungsform.

4. Frage
Beschreiben Sie die einzelnen Abwicklungsschritte der von Ihnen vorgeschlagenen Zahlungsform.

5. Frage
Die bisherigen Lieferungen an den brasilianischen Abnehmer der Waren wurden auf Basis des Incoterms EXW abgewickelt. Die brasilianischen Vertragspartner haben während des letzten Treffens jedoch darum gebeten, zukünftige Lieferungen auf FOB-Basis abzuwickeln.
Bitte klären Sie den Kunden über die Bedingungen dieses Incoterms hinsichtlich Lieferort, Kosten- und Risikoübergang auf.

6. Frage
Herr Stein ist von der von Ihnen vorgeschlagenen Zahlungsform sehr angetan und beschließt, diese ab sofort anzuwenden.
Für Herrn Stein stellt sich nun nur noch die Frage, ob er auch ohne Zahlung per Akkreditiv die obige Lieferbedingung in die Verträge mit aufnehmen kann.
Beraten Sie Herrn Stein.

7. Frage
Nach einer Fachmesse für HiFi-Geräte hat die Firma ELVA-Werke GmbH einen Großauftrag über 300.000 USD aus Amerika erhalten. Der Auftrag wurde inzwischen vollständig abgewickelt und der

Gegenwert ist auf dem USD-Konto der ELVA-Werke GmbH eingegangen. Herr Stein möchte nun wissen, an welchem Börsenplatz er die Devisen bestmöglich verkaufen kann.

Ermitteln Sie für die ELVA-Werke GmbH den günstigsten Glattstellungsort, wenn folgende Notierungen vorliegen:

		Geld	Brief
Frankfurt notiert	1 EUR	1,2495 USD	1,2501 USD
New York notiert	1 EUR	1,2462 USD	1,2478 USD

Hinweis: Gebühren bleiben unberücksichtigt.

2. Aufgabe – Geld- und Vermögensanlage

Sie sind Mitarbeiter(in) der Mainhauser Bank AG, Filiale Bad Wildungen. Sie haben unter anderem die Kundin Simone Frank zu betreuen. Außer einem Sparkonto mit einem Guthaben von 2.425,30 Euro besitzt Frau Frank, 20 Jahre alt, ledig, 100 auf den Inhaber lautende Stückaktien der Mideu Logistik AG. Die Aktien bekam Frau Frank zu ihrem 18. Geburtstag von ihrer Tante geschenkt.

Frau Frank kommt zu Ihnen, weil sie noch die folgenden Fragen zu den nachstehend auszugsweise abgedruckten Schreiben Ihrer Bank hat.

Auszug aus dem Anschreiben der Mainhauser Bank AG:
Die ordentliche Hauptversammlung der Mideu Logistik AG vom 15. März 2012 hat u. a. die Umstellung der Inhaberaktien auf Namensaktien und den grundsätzlichen Ausschluss des Anspruchs der Aktionäre auf Verbriefung ihrer Anteile beschlossen. Die Umstellung der Inhaberaktien auf die Namensaktie macht die Führung eines Aktienbuches durch die Mideu Logistik AG erforderlich, in dem die Aktionäre mit Namen, Vornamen, Anschrift, Beruf und der Anzahl der von ihnen gehaltenen Aktien eingetragen werden.

1. Frage
Warum stellt die Mideu Logistik AG die Inhaberaktien auf Namensaktien um?
Nennen Sie drei mögliche Gründe.

2. Frage
Welche Vorteile kann die Umstellung auf Namensaktien für die Bewertung der Aktien von Frau Frank haben?

Frau Frank vereinbart mit Ihnen einen weiteren Termin, weil sie noch einen Betrag von 6.000 Euro anlegen will. Sie sagt Ihnen, dass sie damit auf Anraten ihrer Mutter Investmentanteile kaufen möchte.

3. Frage
Begründen Sie, warum es in diesem Fall erforderlich ist, von Frau Frank vor der Auftragsannahme Informationen nach dem Wertpapierhandelsgesetz einzuholen.

4. Frage
Worüber müssen Sie Frau Frank gegebenenfalls befragen?

5. Frage
Welche Vorteile bietet die Anlage in Investmentzertifikate für Frau Frank im Vergleich zu einer Direktanlage in Aktien?
Erläutern Sie Frau Frank vier Vorteile.

6. Frage
Am Ende des Beratungsgesprächs entschließt sich Frau Frank, entgegen ihrer früheren Absicht, am 15. August 2012 (Mittwoch) für nominal 5.000 Euro die umlaufende 4,75-%ige Bundesanleihe von 1998 (2028), Wertpapier-Kennnummer 113508, Zinstermin 04. Juli gzj., Fälligkeit 4. Juli 2028, zu kaufen, Kurs 123,30 %.

Eine Woche später spricht Frau Frank bei Ihnen vor, da ihrer Meinung nach in der Kaufabrechnung die Stückzinsen in Höhe von 206,92 Euro falsch ermittelt worden seien. Überprüfen Sie die Berechnung der Stückzinsen.

Erläutern Sie, ob die Reklamation von Frau Frank zu Recht besteht!

3. Aufgabe – Kreditgeschäft

Die Eheleute Rita und Wolfgang Stein, Mainz, beide Arbeitnehmer und langjährige Kunden der Mainhauser Bank AG, beantragen zur Modernisierung ihres gemeinsamen Einfamilienhauses ein Darlehen über 160.000 Euro. Als Sicherheit bieten sie die Eintragung einer Grundschuld oder Hypothek auf ihre Immobile in Höhe der Darlehenssumme an.

Die Beleihungswertberechnung hat ergeben, dass das Anwesen des Ehepaars Stein einen Wert von 580.000 Euro hat. Der Beleihungssatz ihres Kreditinstituts beträgt 60%.

1. Frage
Charakterisieren Sie die beiden angebotenen Sicherheiten. Welches der beiden Grundpfandrechte hat sich in der Praxis durchgesetzt? Begründen Sie Ihre Entscheidung.

Ihr Kreditinstitut wünscht die Eintragung einer Grundschuld und legt Herrn und Frau Stein eine Grundschuldbestellungsurkunde vor.

Foto: © Damir Cudic/istock.com

Grundschuldbestellungsurkunde

Nach Unterrichtung über den Grundbuchinhalt werden folgende Erklärungen beurkundet:

I. Bestellung einer Grundschuld

1. Der Besteller bewilligt und beantragt unwiderruflich, auf dem in gelegenen Wohnungseigentum/Erbbaurecht/Grundbesitz – nachstehend „Grundbesitz" – verzeichnet im Wohnungs-/Erbbau-/Grundbuch des Amtsgerichts von ... Band ... Blatt ... eine Gesamtgrundschuld im Betrage von in Worten: Euro für die Mainhauser Bank AG wie folgt einzutragen:

a) Die Grundschuld ist von heute an mit 18 von Hundert jährlich zu verzinsen. Die Zinsen sind jeweils am ersten Tag des folgenden Kalenderjahres nachträglich zu entrichten.

b) Über die Grundschuld ist ein/kein Brief zu bilden.

Nur bei Briefgrundschuld: Der Besteller und die Mainhauser Bank AG haben vereinbart, dass die Mainhauser Bank AG berechtigt sein soll, sich den Brief vom Grundbuchamt aushändigen zu lassen (§ 1117 Abs. 2 BGB). Das Grundbuchamt wird angewiesen, den Grundschuldbrief an den Grundschuldgläubiger auszuhändigen.

Der Besteller verzichtet bei Geltendmachung der Grundschuld auch mit Wirkung gegen den jeweiligen Eigentümer/Erbbauberechtigten auf die Vorlage des Grundschuldbriefes sowie von Abtretungserklärungen und sonstigen Urkunden zum Nachweis des Gläubigerrechts.

c) Die Grundschuld ist fällig.

2. Für den Fall, dass die Grundschuld nicht an allen bezeichneten Pfandobjekten eingetragen wird, soll sie bereits mit der Eintragung an einem der Pfandobjekte als Einzelgrundschuld entstehen, wird sie an mehreren Pfandobjekten eingetragen, entsteht sie insoweit als Gesamtgrundschuld.

II. Unterwerfung in die Zwangsvollstreckung in den belasteten Grundbesitz

Wegen des Grundschuldbetrages und der Zinsen unterwirft sich der Besteller der sofortigen Zwangsvollstreckung in den belasteten Grundbesitz in der Weise, dass die Zwangsvollstreckung aus dieser Urkunde gegen den jeweiligen Eigentümer/Erbbauberechtigten zulässig ist. Der Besteller bewilligt und beantragt unwiderruflich die Eintragung dieser Unterwerfungsklausel in das Grundbuch.

2. Frage
Aus welchem Grund ist der Satz „Die Grundschuld ist fällig" in der Grundschuldbestellungsurkunde enthalten?

3. Frage
Was bedeutet die Formulierung „Unterwerfung in die Zwangsvollstreckung in den belasteten Grundbesitz"?

4. Frage
Aus der Grundschuldurkunde ist der dingliche Zins in Höhe von 18 % zu entnehmen. Warum ist die Grundschuld mit 18 % jährlich zu verzinsen, obwohl der derzeitige Darlehenszins bei ca. 3 bis 4 % p. a. liegt?

Erläutern Sie dem Ehepaar Stein diese Zinsdifferenz.

5. Frage
Neben dem Kreditvertrag und der Grundschuldbestellung müssen die Eheleute eine Zweckbestimmungserklärung für die obengenannte Grundschuld anerkennen.

Erklären Sie dem Ehepaar Stein die Notwendigkeit der Zweckbestimmungserklärung.

Die Eheleute Stein legen Ihnen folgenden aktuellen Grundbuchauszugs vor:
An nächster Stelle könnte in Abteilung III die Mainhauser Bank AG eingetragen werden.

Bei der an der zweiten Rangstelle eingetragenen Hypothek zugunsten der Landesbausparkasse werden die Eheleute Stein im nächsten Monat die letzte Tilgungsrate bezahlen.

6. Frage
Mit welchem Betrag kann die Mainhauser Bank AG im Verwertungsfall rechnen? Begründen Sie Ihre Aussage.

Grundbuchauszug:

I. 50.000 EUR Briefgrundschuld zugunsten der Volksbank Speyer eG, zu verzinsen mit 17 % p. a., sofort vollstreckbar nach § 800 ZPO. Gemäß Bewilligung vom 10.07.1976 eingetragen am 22.08.1976.

II. 180.000 EUR Hypothek zugunsten der Landesbausparkasse, zu verzinsen mit 16 % p. a., sofort vollstreckbar nach § 800 ZPO. Gemäß Bewilligung vom 15.07.1977 eingetragen am 25.08.1977

III. 40.000 EUR Buchgrundschuld zugunsten der Handelsbank AG, Frankfurt, zu verzinsen mit 16 % p. a., sofort vollstreckbar nach § 800 ZPO. Vorbehalten bleibt der Vorrang für ein noch einzutragendes Grundpfandrecht bis zum Wert von 30.000 EUR zugunsten der Deutschen Hypothekenbank AG nebst 15 % Zinsen. Gemäß Bewilligung vom 25.08.2001 eingetragen am 17.09.2001.

Abschlussprüfung

Bankwirtschaft – Programmierte Aufgaben

▶ Jürgen Muthig

1. Aufgabe
Ordnen Sie die Gesetze den sechs Gesetzespassagen zu.

Gesetze
1. Abgabenordnung
2. Bürgerliches Gesetzbuch
3. Geldwäschegesetz
4. Handelsgesetzbuch

Tragen Sie die Ziffer vor der jeweils zutreffenden Antwort ein.

Gesetzespassagen
A) Ein zur Identifizierung Verpflichteter hat sich beim zu Identifizierenden zu erkundigen, ob dieser für eigene Rechnung handelt.
B) Der Rechnungsabschluss bei einem Konto in laufender Rechnung (Kontokorrent) erfolgt jährlich einmal, sofern nicht etwas anders vereinbart wurde.
C) Wer ein Konto führt, Wertsachen verwahrt oder als Pfand nimmt oder ein Schließfach überlässt, hat sich zuvor Gewissheit über die Person und Anschrift des Verfügungsberechtigten zu verschaffen und die entsprechenden Angaben in geeigneter Form, bei Konten auf dem Konto, festzuhalten.
D) Die Finanzbehörden dürfen von den Kreditinstituten zum Zwecke der allgemeinen Überwachung die einmalige oder periodische Mitteilung von Konten bestimmter Art oder bestimmter Höhe nicht verlangen.
E) Die Prokura ermächtigt zu allen Arten von gerichtlichen und außergerichtlichen Geschäften und Rechtshandlungen, die der Betrieb eines Handelsgewerbes mit sich bringt.
F) Zur Übertragung des Eigentums an einer beweglichen Sache ist erforderlich, dass der Eigentümer die dem Erwerber übergibt und beide darüber einig sind, dass das Eigentum übergehen soll.

A	B	C	D	E	F

2. Aufgabe
Bei welcher der beschriebenen Kontoeröffnungen ist das Konto von der Mainhauser Bank AG ordnungsgemäß eröffnet worden?

Tragen Sie die Ziffern vor den zwei zutreffenden Antworten in die Kästchen ein.

1. Die Gesellschafterin der ProSoft GmbH, Anke Polzer, unterzeichnet alleine für diese GmbH den Kontoeröffnungsantrag.

2. Der Kassenwart Anton Huber unterzeichnet zusammen mit dem Vereinsmitglied Frank Schmöller für den Kegelverein „Gut Holz e.V." den Kontoeröffnungsantrag.
Laut Satzung und Vereinsregister gelten für diesen Verein die gesetzlich vorgeschriebenen Vertretungsbefugnisse.
3. Der Kommanditist Peter Fischer hat zusammen mit der Handlungsbevollmächtigten Ute Baum für die Holzer & Co. KG ein Kontokorrentkonto eröffnet.
4. Für die Schneider & Kröll OHG hat der Gesellschafter Adam Kröll den Kontoeröffnungsantrag alleine unterschrieben.
5. Für die Eisenhandel AG hat Helga Schmidtmann, Gesamtprokuristin der Eisenhandel AG, den Kontoeröffnungsantrag alleine unterschrieben.
6. Der Geschäftsführer der TurboTrans GmbH & Co. KG, Holger Schmidtmann, hat ein Termingeldkonto für das Unternehmen alleine eröffnet. Gemäß der GmbH-Satzung haben die Geschäftsführer Einzelvertretungsmacht.

3. Aufgabe
Frau Elisabeth Henrich, alleinstehend und langjährige Kundin der Mainhauser Bank AG, ist am 18. März verstorben.
Sie werden am 21. März von der Schwester, Frau Petra Gruber, geb. Henrich, über den Tod informiert. Die Schwester hat für alle Konten der verstorbenen Schwester Einzelvollmacht über den Tod hinaus.
Welcher Betrag muss dem Finanzamt gemeldet werden, wenn das Kundenengagement von Frau Henrich wie folgt aussieht?

Kontostand in Euro jeweils am Tagesende des:				
17. März	18. März	19. März	20. März	21. März
Kontokorrentkonto:				
Haben 489,00	Soll 680,00	Soll 1.680,00	Soll 1.376,00	Soll 3.076,00
1. Sparkonto mit dreimonatiger Kündigungsfrist:				
Haben 6.800,00	Haben 4.800,00	Haben 3.800,00	Haben 3.800,00	Haben 3.800,00
2. Sparkonto mit dreimonatiger Kündigungsfrist (Bonussparen):				
Haben 2.960,00	Haben 2.960,00	Haben 1.560,00	Haben 1.060,00	Haben 60,00
Ratenkredit:				
Soll 4.290,00	Soll 4.290,00	Soll 3.290,00	Soll 3.290,00	Soll 3.290,00

__ . 7 6 0 , 0 0 Euro

4. Aufgabe
Aufgrund einer Kundenreklamation müssen Sie bei einem Kontokorrentkonto ein Überweisungseingang über 45.000,00 Euro drei Tage früher (vorher 27. Juli, nunmehr 24. Juli) gutschreiben.

Vor der Korrektur ergab sich folgende Kontenstaffel:
24.07.   Soll: 28.000,00 Euro
25.07.   Soll: 28.000,00 Euro
26.07.   Soll: 28.000,00 Euro
27.07.   Haben: 57.000,00 Euro

Für das Kontokorrentkonto gelten folgende Konditionen:
Sollzinsen: 11,5 % p.a.   Habenzinsen: 0,5 % p.a.

Um welchen Betrag ändert sich die Zinsrechnung nach der Korrektur der Wertstellung?
Geben Sie vor dem Betrag die Kennziffer 1 ein, wenn es sich für den Kunden um eine Zinsgutschrift, oder die Kennziffer 2 ein, wenn es sich für den Kunden um eine Zinsbelastung handelt.

Kennziffer: 1 / __ 2 7 , 5 4 Euro

5. Aufgabe
Bei der Mainhauser Bank AG geht heute ein Pfändungs- und Überweisungsbeschluss in Höhe von 3.500,00 Euro über die Konten von Frau Simone Nussbaum ein. Das aktuelle Guthaben beträgt 4.200,00 Euro. Der Pfändungs- und Überweisungsbeschlusses ist sowohl für das gegenwärtige als auch für das zukünftige Kontoguthaben gültig. Forderungen der Mainhauser Bank AG gegenüber Frau Nussbaum bestehen nicht.

Welche Tätigkeiten des Kontoführers sind erforderlich?
Tragen Sie die Ziffern vor den zwei zutreffenden Antworten in die Kästchen ein.

1. Prüfung, ob bereits andere Rechte an der Forderung bestehen und dies dem Gläubiger des Pfändungs- und Überweisungsbeschlusses innerhalb von einem Monat in einer Drittschuldnererklärung mitteilen
2. Prüfung, ob Schuldner und Kontoinhaber identisch sind
3. Sperrung des Kontos für anschließende Verfügungen des Kontoinhabers, da zum nächsten Rechnungsabschluss der zukünftige Saldo gepfändet wird
4. Überweisung des Kontoguthabens am Tag der Zustellung des Beschlusses
5. Unverzügliche Rückforderung aller Überweisungsvordrucke bei Eingang des Pfändungs- und Überweisungsbeschlusses
6. Sofortige Überweisung eines eventuell bis zum nächsten Rechnungsabschluss entstehenden Guthabensaldos

2 | 3

PRÜFUNGSTRAINING

Auszug 16	Mainhauser Bank AG	Bankleitzahl 500 690 00
Zum Konto 89737090	vom 27.04.2012	Blatt 1
Wert	Buchungstext	Umsätze EUR
	Alter Saldo vom 12.04.2012	1.866,31 S
20.04.	Scheck E.v.	3.916,08 H
22.04.	Scheck E.v.	51,13 H
23.04.	Bar	530,00 S
	Neuer Saldo	1.570,90 H

Wir weisen Sie darauf hin, dass Ihr Dispositionskredit von 2.000,00 EUR auf 3.500,00 EUR erhöht wurde.

Peter Henschel

Welche Information können Sie aus dem oben stehenden Kontoauszug entnehmen?

Tragen Sie die Ziffern vor den zwei zutreffenden Antworten in die Kästchen ein.

1. Der Scheck über 3.916,08 Euro muss zurückgegeben werden, weil das Konto mit der Vorlage des Schecks zwischenzeitlich überzogen wurde.
2. Der Kunde kann jederzeit sein Konto mit 3.500,00 Euro überziehen.
3. Ab einem Betrag von 2.000,00 Euro Soll werden dem Kunden Sollzinsen für einen geduldeten Dispositionskredit berechnet.
4. Das Konto ist über den vereinbarten Kredit hinaus in Anspruch genommen worden. Für 5.782,39 Euro werden Sollzinsen für einen eingeräumten Dispositionskredit berechnet.
5. Die Valutierung der Barauszahlung ist falsch, da Barauszahlungen Valuta nächster Geschäftstag belastet werden.
6. Die beiden Schecks sind in der Zwischenzeit von der Zahlstelle endgültig eingelöst worden, da die Belastungsbuchung auf dem Konto des Scheckausstellers nicht spätestens am zweiten Bankarbeitstag nach ihrer Vornahme rückgängig gemacht wurde.

7. Aufgabe

Die Tele Sieben Mobilfunk GmbH vereinbarte mit ihren Kunden, dass die Rechnungsbeträge im Lastschriftverfahren eingezogen werden. Ordnen Sie den Aussagen die richtigen Lastschriftarten zu.

Tragen Sie die Ziffer vor der jeweils zutreffenden Antwort ein.

Lastschriftarten
1. Gilt nur für Abbuchungsverfahren
2. Gilt nur für Einzugsermächtigungsverfahren
3. Gilt für Abbuchungsverfahren und Einzugsermächtigungsverfahren

Aussagen über das Lastschriftverfahren
A) Die Kreditinstitute der Kunden übernehmen im Rahmen der Lastschriftvereinbarungen die keine Garantie für die Einlösung der Lastschriften.
B) Wurde die Lastschrift durch die Zahlstelle eingelöst, ist ein Widerspruch des Kunden gegen diese Lastschrift nicht mehr möglich.
C) Eine Rückbuchung der Lastschrift ist wegen Widerspruchs oder mangels Deckung möglich.
D) Die Inkassostelle trifft mit der Tele Sieben Mobilfunk GmbH schriftlich eine Vereinbarung über den Einzug von Forderungen durch Lastschriften.
E) Die Tele Sieben Mobilfunk GmbH kann die Lastschriften beleglos der Mainhauser Bank AG zum Inkasso einreichen.
F) Obwohl ein Kunde sein Kreditinstitut zur Einlösung von Lastschriften der Tele Sieben Mobilfunk GmbH beauftragt hat, sind bei mangelnder Kontodeckung Teileinlösungen nicht möglich.

A	B	C	D	E	F

8. Aufgabe

Frau Anja Kreuzer plant in zwei Monaten in Amerika Urlaub zu machen. Zum Bezahlen ihrer Hotelrechnungen und Einkäufe beabsichtigt sie eine Kreditkarte zu beantragen.

Welche Aussage des Kundenberaters der Mainhauser Bank AG zur MasterCard ist richtig?

Tragen Sie die Ziffern vor den zwei zutreffenden Antworten in die Kästchen ein.

1. „Neben der Zahlungsfunktion beinhaltet die MasterCard als besondere Zusatzleistung auch eine kostengünstige private Krankenversicherung."
2. „Die MasterCard ist bei der Erstausgabe ein Jahr lang gültig. Nach diesem ersten Jahr erhalten Sie bei einer positiven Bonitätsprüfung eine neue MasterCard, die dann drei Jahre lang gültig ist."
3. „Bei Verlust oder Diebstahl der MasterCard ist Ihre Haftung auf maximal 50,00 Euro begrenzt. Nach der Verlustmeldung übernimmt die Kreditkartenorganisation den entstehenden Schaden in voller Höhe."
4. „Die Bargeldbeschaffung mit der MasterCard an Geldautomaten der Mainhauser Bank AG und der Kooperationspartner ist für Sie im In- und Ausland kostenlos."
5. „Bei Fremdwährungsumsätzen erfolgt die Umrechnung zum Devisenbriefkurs. Zusätzlich wird noch eine Provision von 2 % erhoben."

6. „Bei Verlust der MasterCard wird versucht, Ihnen möglichst schnell eine neue Karte zur Verfügung zu stellen. Dieser Service wird weltweit angeboten." ☐☐

9. Aufgabe
Die Kundin Sylvia Speer interessiert sich für die Anlage in abgezinsten Sparbriefen. Die Laufzeit des Sparbriefs soll vier Jahre betragen. Sie dachte an die Anlage von 15.000,00 Euro. Frau Speer wird in drei Jahren zusammen mit Ihrem Ehemann in Rente gehen. Was muss sie bei der Anlageentscheidung beachten?

Tragen Sie die Ziffern vor den zwei zutreffenden Antworten in die Kästchen ein.

1. Frau Speer hat bei diesem Sparbrief kein Wiederanlagerisiko für die jährlich aufgelaufenen Zinserträge.
2. Die Zinsen aus diesem abgezinsten Sparbrief werden im Jahr der Gutschrift nicht auf den Freistellungsauftrag angerechnet.
3. Die Erträge dieses Sparbriefs sind nach Ablauf von mindestens zwölf Monaten Anlagedauer als Rückzahlungsgewinn steuerfrei.
4. Die jährlich gutgeschriebenen Zinsen und Zinseszinsen muss Frau Speer auch jährlich versteuern.
5. Abgezinste Sparbriefe haben eine Mindestlaufzeit von fünf Jahren. Frau Speer muss sich für einen normalverzinslichen Sparbrief entscheiden.
6. Frau Speer erhält die Zinsen erst bei Fälligkeit des Sparbriefs. Über die dann eventuell von der Mainhauser Bank AG abzuführende Zinsabschlagsteuer erhält sie eine Steuerbescheinigung. ☐☐

Situationsbeschreibung für die 10. bis 13. Aufgabe
Frau Patricia Reinhardt, 27 Jahre, ledig, hat heute mit Ihnen ein Beratungsgespräch über die Anlage ihrer vermögenswirksamen Leistungen vereinbart. Sie bekommt von ihrem neuen Arbeitgeber monatlich 27,00 Euro vermögenswirksame Leistungen.

10. Aufgabe
Sie möchte wissen, ob die vermögenswirksamen Leistungen wie ihr Lohn der Sozialversicherung bzw. dem Lohnsteuerabzug unterliegen. Wie klären Sie die Kundin über den Sachverhalt richtig auf?

Tragen Sie die Ziffer vor der zutreffenden Antwort in das Kästchen ein.

1. Die vermögenswirksamen Leistungen sind kein Entgelt im Sinne der Sozialversicherung. Sie müssen aber versteuert werden, wenn Frau Reinhardt keine staatliche Förderung auf ihre vermögenswirksamen Leistungen erhält.
2. Die vermögenswirksamen Leistungen sind arbeitsrechtlich Bestandteil des Lohnes bzw. des Gehaltes und unterliegen damit der Sozialversicherung, aber nicht der Einkommensteuer.
3. Die vermögenswirksamen Leistungen erhöhen ihren Bruttolohn sind abzüglich bestimmter steuerfreier Beträge bzw. sozialversicherungsfreier Beträge steuer- und sozialversicherungspflichtig.
4. Die vermögenswirksamen Leistungen sind weder sozialversicherungs- noch einkommensteuerpflichtig.

5. Die vermögenswirksamen Leistungen unterliegen in voller Höhe der Lohnsteuer und entsprechen dem Arbeitnehmeranteil an der Sozialversicherung zur Hälfte der Sozialversicherungspflicht. ☐

11. Aufgabe
Frau Reinhardt entscheidet sich für die Anlage ihrer vermögenswirksamen Leistungen in einem Aktienfonds.

Welchen Betrag müsste sie monatlich zusätzlich zu den vermögenswirksamen Leistungen des Arbeitgebers aufbringen, wenn sie bei dieser Anlageform den maximalen staatlichen Förderbetrag ausnutzen möchte?

Tragen Sie den Betrag in das Kästchen ein! ☐,☐☐ Euro

12. Aufgabe
Sie konnten Frau Reinhardt auch vom Abschluss eines Bausparvertrages überzeugen. Auf diesen Bausparvertrag zahlt Frau Reinhardt nur eigene Sparleistungen und keine vermögenswirksamen Leistungen ein.

Erklären Sie Frau Reinhardt, bei welchen Stellen sie Arbeitnehmer-Sparzulage bzw. Wohnungsbauprämie – sofern sie die gesetzlichen Voraussetzungen der staatlichen Fördermaßnahmen erfüllt – beantragen kann. Ordnen Sie den Förderungen die richtige Stelle zu.

Tragen Sie die Ziffer vor der jeweils zutreffenden Antwort ein.

Förderungen
A) Arbeitnehmer-Sparzulage
B) Wohnungsbauprämie

Stellen
1. Bausparkasse
2. Hausbank
3. Finanzamt
4. Bundesfinanzministerium
5. Arbeitgeber
6. Einwohnermeldeamt (Lohnsteuerstelle)

A	B

13. Aufgabe
Wie hoch ist die staatliche Förderung, die Frau Reinhardt insgesamt erhält, wenn Sie im Jahr 2012 folgende Beträge angelegt hat:

▶ Eingezahlte vermögenswirksame Leistungen in einen Aktienfonds: 333,30 Euro
▶ Eigene Sparleistungen auf den Bausparvertrag: 580,00 Euro

Gehen Sie bei der Berechung der Höhe der staatlichen Förderung davon aus, dass Frau Reinhardt im Jahr 2012 alle gesetzlichen Voraussetzungen der staatlichen Fördermaßnahmen erfüllt hat.

Tragen Sie den Betrag in das Kästchen ein. ☐☐☐,☐☐ Euro

PRÜFUNGSTRAINING

Situationsbeschreibung für 14. und 15. Aufgabe
Herr Hubert Müller hat im vergangenen Jahr 100 nennwertlose Inhaberaktien der BioTech AG gekauft, die von der Mainhauser Bank AG im Girosammeldepot verwahrt werden. Anfang Mai 2013 erhält Herr Müller von der Mainhauser Bank AG eine Einladung zur Hauptversammlung und einen Geschäftsbericht zugesandt. Herr Müller kann aus zeitlichen Gründen nicht an der Hauptversammlung teilnehmen, ist aber der Auffassung, dass die BioTech AG bei dem hohen Jahresüberschuss eine Dividende von 0,80 Euro je Aktie statt wie die vom Vorstand vorgeschlagen 0,60 Euro je Aktie Dividende an die Aktionäre ausschütten sollte.

14. Aufgabe
Wie beraten Sie Herrn Müller zur Ausübung der Stimmrechte auf der Hauptversammlung richtig?

Tragen Sie die Ziffer vor der zutreffenden Antwort in das Lösungskästchen ein.

1. Wenn ein Depotkunde keine Weisungen erteilt, ist die Depotbank verpflichtet, die Stimmrechte der Kunden im Sinne des Vorstandes der AG zu vertreten.
2. Wenn eine Depotbank das Stimmrecht im Sinne der Verwaltungsvorschläge ausüben will, braucht sie keine Weisungen einzuholen.
3. Wenn ein Depotkunde seine Depotbank mit der Ausübung des Stimmrechts beauftragt, ist die Depotbank verpflichtet, sich an die Weisungen ihres Depotkunden zu den Tagesordnungspunkten der Hauptversammlung zu halten.
4. Hat ein Aktionär seiner Depotbank eine Stimmrechtsvollmacht erteilt, ist die Depotbank berechtigt, nur ihre eigenen Vorschläge zu den einzelnen Tagesordnungspunkten der Hauptversammlung zu vertreten.
5. Nach dem Aktiengesetz können Aktionäre Gegenanträge zu den Tagesordnungspunkten nur persönlich in der Hauptversammlung vertreten.

15. Aufgabe
Auf der Hauptversammlung der BioTech AG wurde weiterhin beschlossen, das Grundkapital zu erhöhen. Die BioTech AG unterbreitet den Aktionären folgendes Bezugsangebot:

Bezugsverhältnis:	7 : 1
Ausgabekurs für die jungen Aktien:	45,00 Euro
Bezugsfrist:	02.07. – 18.07.2013
Bezugsrechtshandel:	02.07. – 16.07.2013
Letzte Weisung zur Ausübung des Bezugsrechts bis zum 13.07.2013 erbeten.	

Welche Aussage trifft zu?
Tragen Sie die Ziffer vor der zutreffenden Antwort in das Lösungskästchen ein.

1. Vom 02.07. bis zum 18.07.2013 werden die Bezugsrechte an der Wertpapierbörse gehandelt.
2. Wenn Herr Müller keinen Auftrag über die Ausübung seiner Bezugsrechte erteilt, verfallen seine Bezugsrechte automatisch am 13.07.2013.
3. Das Bezugsverhältnis von 7 : 1 besagt, dass Herr Müller auf eine alte Aktie der BioTech AG sieben junge Aktien erhält.
4. Wenn Herr Müller auf die Bezugsaufforderung keine Weisung erteilt, verkauft die Mainhauser Bank AG seine Bezugsrechte am ersten Tag des Bezugsrechtshandels.
5. Am 02.07.2013 erhält der Kurs der alten BioTech-Aktien den Zusatz exB.

Situationsbeschreibung für die 16. bis 19. Aufgabe
Thomas Schneider beabsichtigt den Kauf eines neuen Pkw. Er benötigt dazu einen Kredit (Anschaffungsdarlehen) von 20.000,00 Euro. Bisher besteht mit Thomas Schneider keine Kontoverbindung. In einem Gespräch erklärt er, dass er auf Grund seiner Einkommenssituation eine monatliche Rate von höchstens 370,00 Euro tragen könne.

Sie führen mit ihm das Beratungsgespräch.

16. Aufgabe
Ermitteln Sie die Höhe der ersten Rate und der Folgeraten, wenn die Folgeraten auf volle 10,00 Euro aufgerundet und gleich hoch sein sollen.
Tragen Sie Ihr Ergebnis in die Lösungskästchen ein.

Konditionen Anschaffungsdarlehen Mainhauser Bank AG:

▶ Nominalzinssatz:	7,5 % p.a.
▶ Effektivzinssatz:	8,61 % p.a. eff.
▶ Einmalige Bearbeitungsgebühr:	2 %
▶ Laufzeit:	48 Monate
▶ Restschuldversicherung (mitfinanziert):	1,5 % vom ursprünglichen Kreditbetrag

a) Erste Rate: ⬜⬜⬜,⬜⬜ Euro
b) Folgeraten: ⬜⬜⬜,⬜⬜ Euro

17. Aufgabe
Herr Schneider möchte wissen, warum der effektive Jahreszins mit 8,61% p.a. eff. höher ist als der angegebene Zinssatz von 7,5 % p.a.

Welche der folgenden Begründungen ist zutreffend?
Tragen Sie die Ziffer vor der zutreffenden Begründung in das Kästchen ein.

Der effektive Zinssatz ist deshalb höher, weil...
1. ... der Zinssatz während der Gesamtlaufzeit des Ratenkredits auf den Anfangsbetrag gerechnet wird.
2. ... künftige Zinssatzsteigerungen von vornherein im Effektivzinssatz berücksichtigt werden.
3. ... die Bearbeitungskosten als verzinsliches Agio erhoben und in die Berechnung des Effektivzinssatzes mit einbezogen werden.
4. ... die Raten zur Tilgung des Gesamtbetrags immer erst am Ende des Monats eingehen, die Zinsberechnung aber zu Beginn des Monats vorgenommen wird.
5. ... der Tilgungsanteil bei gleich bleibender monatlicher Rate steigt.

18. Aufgabe
Mit Abschluss des Kreditvertrags über 20.000,00 Euro unterschreibt Thomas Schneider die SCHUFA-Klausel.

Welche der folgenden Aussagen über die SCHUFA sind zutreffend?
Tragen Sie die Ziffern vor den beiden zutreffenden Aussagen in die Kästchen ein.
1. Der SCHUFA werden grundsätzlich alle Kreditkunden gemeldet, deren Kreditbetrag das Dreifache des monatlichen Nettoeinkommens übersteigt.
2. Eine nichtvertragsgemäße Abwicklung des Kredits, die zur Kündigung des Kreditvertrags führt, wird generell der SCHUFA gemeldet.
3. Die vereinbarungsgemäße Rückführung, die auch vorzeitige Rückzahlungen oder Laufzeitverlängerungen umfassen kann, fällt unter die Datenübermittlung an die SCHUFA.
4. Die Übermittlung der Kreditdaten verstößt nicht gegen das Bankgeheimnis, da die SCHUFA Auskünfte nur an ihre Mitglieder gibt, die ebenfalls dem Bankgeheimnis unterliegen.
5. Der SCHUFA werden der Kreditnehmer sowie der Beginn und die Höhe der Ratenzahlungen übermittelt.
6. An gewerbsmäßige Inkassounternehmen, die nicht Mitglieder der SCHUFA sind, werden gegen Gebühr Adressen zum Zweck der Schuldnerermittlung herausgegeben, um kreditvergebende Unternehmen vor Forderungsausfällen zu schützen.

19. Aufgabe
Zur Sicherung des Kredits wird die Sicherungsübereignung des Pkw vereinbart. Thomas Schneider wünscht eine Auskunft über die Sicherungsübereignung.

Welche der folgenden Aussagen sind in diesem Zusammenhang zutreffend?
Tragen Sie die Ziffern vor den beiden zutreffenden Aussagen in die Kästchen ein.
1. Die Sicherungsübereignung eines Pkw entsteht durch die Übergabe des Kfz-Briefs an das Kreditinstitut.
2. Die Sicherungsübereignung eines Pkw ist im Gesetz eindeutig geregelt und daher für den Kreditgeber risikolos.
3. Das Kreditinstitut erwirbt nur treuhänderisches Eigentum, das heißt der Pkw darf nur verwertet werden, wenn der Kreditnehmer seinen Verpflichtungen aus dem Kreditvertrag nicht nachkommt.
4. Die gesetzlich vorgeschriebene Haftpflichtversicherung für Pkw muss bei der Sicherungsübereignung vom Kreditgeber abgeschlossen werden, da er Eigentümer ist.
5. Das kreditgebende Institut hat nach vorheriger schriftlicher Ankündigung und einer Wartefrist von vier Wochen die Möglichkeit, das Fahrzeug in den eigenen Bestand zu nehmen. Der Restkreditbetrag wird verrechnet.
6. Rechtlich ist zur Durchführung einer Sicherungsübereignung ein Besitzkonstitut notwendig.

20. Aufgabe
Die Hansatrade AG schließt mit einem indischen Importeur ein Handelsgeschäft über 730.000,00 USD auf der Basis FOB Bremen ab. Als Zahlungsbedingung wird ein unwiderrufliches, unbestätigtes Dokumentenakkreditiv vereinbart.

Welche der folgenden Risiken verbleiben beim Exporteur?
Tragen Sie die Ziffern vor den beiden zutreffenden Aussagen in die Kästchen ein.
1. Die Dokumente werden aufgrund nicht termingerechter Verladung in Bremen beanstandet.
2. Die Ware trifft aufgrund eines Maschinenschadens des Schiffes zwei Wochen später in Indien ein.
3. Die Ware geht auf dem Seeweg in einem schweren Sturm über Bord.
4. Der indische Vertragspartner wird zahlungsunfähig.
5. Die Ware wird vom indischen Vertragspartner nicht abgenommen.
6. Nach einem Militärputsch verhängt die neue indische Regierung ein Zahlungsverbot gegenüber den westlichen Industrienationen.

Rechnungswesen und Steuerung

▶ Jürgen Muthig

1. Aufgabe
Bis zu welchem Datum müssen folgende Belege aufbewahrt werden?
a) Bilanz 2005, fertiggestellt am 15.05.2006
b) Barauszahlungsbeleg vom 12.12.2004
c) Mahnschreiben vom 14.07.2008
d) Inventar vom 31.12.2009
e) Lagebericht für den Jahresabschluss 2002, fertiggestellt am 21.03.2003
f) Schriftliche Mitteilung einer Konditionsänderung vom 25.10.2011

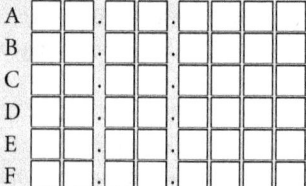

2. Aufgabe
Jeder Kaufmann hat für den Schluss eines jeden Geschäftsjahres ein Inventar aufzustellen. Welche Aussagen treffen auf ein ordnungsgemäß erstelltes Inventar zu?
Tragen Sie die Ziffern vor den zwei zutreffenden Antworten in die Kästchen ein.
a) Das Inventar gehört neben Bilanz und Gewinn- und Verlustrechnung zum Jahresabschluss.
b) In der Praxis besteht das Inventar aus der geordneten Ablage der Inventurunterlagen, wie EDV-Listen, Kontoauszüge zum Abschlussstichtag usw.
c) Das Inventar ist die geordnete übersichtliche Gegenüberstellung aller Vermögens- und Kapitalwerte.
d) Die erste Seite des Inventars zeigt, wie ein Unternehmen die zur Verfügung stehenden Mittel eingesetzt hat. Auf der zweiten Seite ist die Mittelherkunft aufgeführt.
e) Das Inventar ist das Verzeichnis, in dem ein Kaufmann zu Beginn seines Handelsgewerbes und für den Schluss jedes Geschäftsjahres seine Vermögensgegenstände und seine Schulden angibt.

3. Aufgabe
In der Organisation der Buchführung spielen die Begriffe Kontenrahmen und Kontenplan eine wichtige Rolle. Welche Aussagen treffen in diesem Zusammenhang zu?
Tragen Sie die Ziffern vor den zwei zutreffenden Antworten in die Kästchen ein.
a) Auf der Grundlage eines vorhandenen Kontenplans kann ein individuell zugeschnittener Kontenrahmen für die Bank aufgestellt werden.
b) Kontenrahmen und Kontenplan sind unterschiedliche Begriffe für ein und das gleiche Organisationsmittel der Buchführung. Sie unterscheiden sich nicht.
c) Der Kontenrahmen teilt die Konten nach dem Zehnersystem in Kontenklasse (zum Beispiel Kundendarlehen) und Kontengruppen (zum Beispiel Konsumentenkredit) ein.
d) Der Kontenplan ist eine betriebsindividuelle Darstellung aller tatsächlichen Konten in der Finanzbuchhaltung zur Erfassung des betrieblichen Geschehens.
e) Aufgabe des Kontenplans ist es, ausschließlich alle Kunden mit ihren Kontonummern zu erfassen.

4. Aufgabe

Im Rechnungswesen der Kreditinstitute wird unterschieden zwischen
1. Grundbuch
2. Hauptbuch
3. Nebenbücher

Ordnen Sie die verschiedenen Bücher den folgenden Aussagen zu.
A In diesem Buch werden alle Geschäftsfälle systematisch geordnet erfasst.
B In diesem Buch werden alle Geschäftsfälle chronologisch geordnet erfasst.
C Hier kann man sehen, zu welchem Kurs einzelne Aktien erworben wurden.
D In diesem Buch finden sich Bestandskonten, Erfolgskonten, gemischte Konten und die zur Eröffnung und zum Abschluss benötigten Konten.
E In diesem Buch kann man sehen, welchen Kontostand der Kunde Klaus Meyer im Moment hat.

A	B	C	D	E

5. Aufgabe

Entscheiden Sie, auf welche Kontenart sich die folgenden Aussagen beziehen.

Kontoart:
1. Aktivkonto
2. Passivkonto
3. Erfolgskonto
4. Gemischtes Konto
5. Keines der angegebenen Konten

Aussagen:
A Beim Abschluss kann der Schlussbestand durch Saldieren ermittelt werden. Er wird auf der Habenseite des Kontos eingesetzt.
B Die Eröffnung des Kontos erfolgt immer ohne Anfangsbestand.
C Die Eröffnung des Kontos erfolgt auf der Sollseite.
D Der Abschluss des Kontos kann in der Weise erfolgen, dass zunächst ein durch Inventur ermittelter Endbestand eingesetzt wird. Danach kann der andere Bestand durch Saldieren ermittelt werden.
E Der Endbestand steht immer im Soll.

A	B	C	D	E

6. Aufgabe

Während des Geschäftsjahres fallen unterschiedliche Arten von Buchungen an. Ordnen Sie die nachfolgend aufgeführte Buchungsarten den Buchungsanlässen zu.

Buchungsart:
1. Laufende Buchung
2. Vorbereitende Abschlussprüfung
3. Abschlussbuchung
4. Keine Buchung

Buchungsanlässe:
A Das Kreditinstitut zahlt an Kunden für vorgelegte, fällige Zinsscheine unter Einbehaltung von Abgeltungsteuer und Solidaritätszuschlag bar aus.
B Bei der Insolvenz eines Kreditkunden geht das Kreditinstitut von einem Totalverlust aus.
C Mit einem Kunden wird gebührenfrei ein Kennwort fürs Sparkonto vereinbart.
D Das Gewinn- und Verlustkonto wird über das Eisenkapitalkonto abgeschlossen.
E Aufgelaufene, noch nicht vereinnahmte Stückzinsen werden dem Bestand an Anleihen und Schuldverschreibungen zugebucht.
F Für eine im alten Jahr notwendig gewordene Reparatur, zu der ein Kostenvoranschlag vorliegt, wird Vorsorge getroffen.

A	B	C	D	E	F

7. Aufgabe

Bei Kreditinstituten gibt es vorwiegend umsatzsteuerbefreite, aber auch einige wenige umsatzsteuerpflichtige Vorgänge. Geben Sie zu den nachstehenden Geschäftsfällen an, ob bzw. welche umsatzsteuerlichen Auswirkungen eintreten:
1. Umsatzsteuer fällt an und wird im Konto Vorsteuer erfasst.
2. Umsatzsteuer fällt an und wird im Konto Umsatzsteuer (Mehrwertsteuer) erfasst.
3. Es gibt keine umsatzsteuerliche Auswirkung.

PRÜFUNGSTRAINING

Geschäftsfälle:
A Von einem Unternehmen erwirbt das Kreditinstitut ein Notebook mit Beamer für die Immobilienabteilung.
B Die Bank kauft Legitimationskarten für den Kundensafezugang.
C An der Börse erwirbt das Kreditinstitut 1.000 Stück Siemens-Aktien für den Handelsbestand.
D Die Bank berechnet Kontoführungsgebühren.
E Der Dienstwagen des Leiters des Immobilienservices wird unter dem Buchwert verkauft.

A	B	C	D	E

8. Aufgabe
Welche der unten stehenden Aussagen treffen auf die lineare Abschreibung zu?
Tragen Sie die Ziffern vor den zwei zutreffenden Antworten in die Kästchen ein.
A Erhöhte Wertverluste, die zu Beginn der Nutzungsdauer durch technischen Fortschritt und Modelländerungen entstehen können, werden berücksichtigt.
B Bei einer neuen Anschaffung am 31. März ist für das Anschaffungsjahr die Abschreibung für die Monate April bis Dezember zu berechnen.
C Es wird jedes Jahr der gleiche Betrag abgeschrieben.
D Diese Abschreibungsmethode führt zum Restwert Null.
E Sonderabschreibungen durch unvorhersehbare Wertminderungen sind noch bei Bedarf erforderlich.

9. Aufgabe
Die Mainhauser Bank AG kauft im Januar 2013 für die Modernisierung der Geschäftsstelle ein Kundenselbstbedienungsterminal für 60.000 Euro inkl. MwSt. Die Nutzungsdauer wird auf acht Jahre geschätzt. Es wird linear abgeschrieben.
a) Wie hoch ist der Abschreibungsprozentsatz pro Jahr?
b) Wie viel Euro werden im zweiten Jahr abgeschrieben?
c) Wie hoch ist der Restbuchwert nach der 4. Abschreibung?

a) ☐☐,☐ %
b) ☐.☐☐☐,☐☐ Euro
c) ☐☐.☐☐☐,☐☐ Euro

10. Aufgabe
Der gesamte Debitorenbestand der Mainhauser Bank AG vor Abschreibungen beträgt 4,5 Mio. Euro. Am 31.12.2012 müssen von 500.000 Euro Kundenforderungen 80 % direkt abgeschrieben und 1,5 Mio. Euro Kundenforderungen mit 30 % einzelwertberichtigt werden.
a) Wie hoch sind die Einzelwertberichtigungen auszuweisen?
b) Wie hoch sind die Pauschalwertberichtigungen, wenn die Forderungen mit 0,5 % pauschalwertberichtigt werden müssen?
c) Wie hoch ist am 31.12. der Forderungsendbestand im Schlussbilanzkonto?
d) Mit welchem Betrag erscheinen zum 31.12. die Forderungen in der Bilanz?

a) ☐☐☐.☐☐☐,☐☐ Euro
b) ☐☐.☐☐☐,☐☐ Euro
c) ☐.☐☐☐.☐☐☐,☐☐ Euro
d) ☐.☐☐☐.☐☐☐,☐☐ Euro

11. Aufgabe
Überprüfen Sie folgende Aussagen über Einzel- und Pauschalwertberichtigungen auf ihre Richtigkeit. Welche Aussagen sind richtig?
Tragen Sie die Ziffern vor den zwei zutreffenden Antworten in die Kästchen ein.
A Einzelwertberichtigungen werden gebildet, um dem latenten Ausfallrisiko von Forderungen zu begegnen.
B Pauschalwertberichtigungen auf Forderungen werden im Rahmen der Bilanzierung von den betreffenden Aktivposten abgesetzt.
C Für die Bildung von Pauschalwertberichtigungen auf Forderungen werden von den Finanzbehörden feste Prozentsätze für alle Banken vorgegeben.
D Wird der Debitorenendbestand laut Inventur mit dem durchschnittlichen Forderungsausfall der vergangenen Jahre multipliziert, so erhält man die Höhe der erforderlichen Pauschalwertberichtigung.
E Die Einzelwertberichtigung ist bei einem drohenden Ausfall eines Debitors zu bilden.

12. Aufgabe
Vor den vorbereitenden Abschlussbuchungen weist das KK-Konto folgende Umsatzzahlen aus:
Soll 18.500.000 Euro
Haben 18.600.000 Euro
Der Debitorenbestand vor Abschreibung beträgt 750.000 Euro. Darunter befindet sich:
a) Eine Forderung gegen Bucher Bautechnik KG über 20.000 Euro, Insolvenzquote 10 %. Wie ist zu buchen?
b) Eine überfällige Forderung gegen Alexander Meier über 30.000 Euro. Seine Wertpapiere im gesperrten Depot werden ca. 28.000 Euro erbringen. Wie ist zu buchen?
c) Eine Forderung gegen Marie Fuß über 4.000 Euro, die im vergangenen Jahr mit 3.000 Euro wertberichtigt wurde. Diese Einschätzung des möglichen Ausfalls haben wir auch heute. Wie ist zu buchen?
d) Die Pauschalwertberichtigung ist auf 1,5 % des restlichen Debitorenbestandes aufzufüllen (bisherige Pauschalwertberichtigungen. 10.100 Euro). Wie ist zu buchen?
e) Wie hoch sind die Verbindlichkeiten gegenüber Kunden?
f) Wie hoch ist die Bilanzposition Forderungen an Kunden?

a) _____
b) _____
c) _____
d) _____
e) ☐☐☐.☐☐☐,☐☐ Euro
f) ☐☐☐.☐☐☐,☐☐ Euro

13. Aufgabe

Die Mainhauser Bank AG hatte im Laufe des Jahres 2012 200 Thermotrans-Aktien zum Kurs von 99,00 Euro/Aktie (30.04.) und 300 Aktien zum Kurs von 97,00 Euro/Aktie (15.06.) als Handelsbestand gekauft. Am 18.11. wurden 100 Aktien zum Kurs von 100,00 Euro/Aktie verkauft. Der Kurs am 31.12.2012 beträgt 97,00 Euro/Aktie.

a) Wie hoch ist der realisierte Kursgewinn/Kursverlust?
b) Wie wird dieser gebucht?
c) Mit welchem Kurswert wird hier bilanziert?
d) Wie hoch ist der nicht realisierte Kursgewinn/Kursverlust?
e) Wie wird dieser gebucht?

a) 220,00 Euro
b) _____
c) 38.800,00 Euro
d) 320,00 Euro
e) _____

14. Aufgabe

Welche Auswirkungen hat ein Zinstermin 01.10. auf die Bilanzierung von festverzinslichen Wertpapieren?
Tragen Sie die Ziffern vor den zwei zutreffenden Antworten in die Kästchen ein.

A Der Zinstermin spielt für die Bilanzierung keine Rolle.
B Die am 01.10. gutgeschriebenen Zinsen müssen am 31.12. bilanziert werden.
C Die Zinsansprüche vom 01.10. bis zum 31.12. müssen als Erträge in der Gewinn- und Verlustrechnung ausgewiesen werden.
D Bis zum Bilanzstichtag entstandene, aber noch nicht fällige Zinsansprüche erhöhen den Bilanzwert der Wertpapiere.
E Da am 01.10. die Zinsen für ein Kalenderjahr gutgeschrieben werden, müssen am Jahresende die Zinsen nicht mehr besonders berücksichtigt werden.
F Festverzinsliche Wertpapiere sind ohne aufgelaufene, noch nicht vereinnahmte Zinsen zu bilanzieren.

15. Aufgabe

Welche Aussagen im Zusammenhang mit Wertpapieren und deren Bilanzierung sind falsch?
Tragen Sie die Ziffern vor den zwei zutreffenden Antworten in die Kästchen ein.

A Bei Wertpapieren kann es realisierte Gewinne und realisierte Verluste geben.
B Wertpapiere stehen in der Bilanz unter diversen Positionen wie „Schuldverschreibungen und andere festverzinsliche Wertpapiere", „Aktien und andere nicht festverzinsliche Wertpapiere", „Beteiligungen".
C Kundenwertpapiere gehören nicht zum Vermögen der Banken und werden daher nicht bilanziert.
D Aktien und Schuldverschreibungen des Anlagevermögens stehen auf der Aktivseite unter der Position Beteiligungen.
E Von der Mainhauser Bank AG ausgegebene Nordbank-Schuldverschreibungen stehen auf der Passivseite der Bilanz unter der Position „Verbriefte Verbindlichkeiten".

16. Aufgabe

In welchen der folgenden Bilanzpositionen des alten Jahres sind die genannten Geschäftsfälle im Hause der Mainhauser Bank AG auszuweisen?

1. Aktive Rechnungsabgrenzungsposten
2. Passive Rechnungsabgrenzungsposten
3. Sonstige Forderungen
4. Sonstige Verbindlichkeiten
5. Rückstellungen

A Die Mainhauser Bank AG belastet am 30. Juni des alten Jahres die Gebühren für Verwahrstücken für zwölf Monate im Voraus.
B Ein Dachdecker schickt Ende Dezember des alten Jahres für noch auszuführende Reparaturen einen Kostenvoranschlag zu.
C Die Mainhauser Bank AG zahlt im Dezember des alten Jahres Miete für ihre Geschäftsräume für das nächste Quartal.
D Die Mainhauser Bank AG erhält erst am 31. März des neuen Jahres für Vermittlertätigkeit des letzten Halbjahres Provisionen.
E Die Ausgaben für ein Fachzeitschrift-Abonnement werden im Oktober des alten Jahres für zwölf Monate im Voraus entrichtet.

A	B	C	D	E
1	5	1	3	1

PRÜFUNGSTRAINING

17. Aufgabe
Kreditinstitute betreiben aus den verschiedensten Anlässen Risikovorsorge. Stellen Sie fest, auf welche Art der Risikovorsorge sich die untenstehenden Aussagen jeweils beziehen.

Arten der Risikovorsorge:
1. Einzelwertberichtigungen auf Forderungen
2. Pauschalwertberichtigungen (unversteuert)
3. Stille Vorsorgereserven gemäß § 340 f HGB
4. Fonds für allgemeine Bankrisiken gemäß § 340 g HGB
5. Keine der oben aufgeführten Arten der Risikovorsorge.

Aussagen:

A Die Risikovorsorge wird wegen erkannter Ausfallrisiken bei einzelnen Kreditnehmern gebildet.

B Das Kreditinstitut bereitet sich auf das Prozessrisiko eines in diesem Jahr begonnenen Rechtsstreits vor, der erst im nächsten Jahr entschieden wird.

C Die Risikovorsorge darf bis maximal 4 % des Gesamtbestandes der Forderungen an Kunden und Kreditinstitute und der Wertpapiere der Liquiditätsreserve betragen.

D Die Risikovorsorge wird auf den bereinigten Forderungsbestand gebildet, um für latente Ausfallrisiken gerüstet zu sein. Sie mindert den zu versteuernden Gewinn.

E Der Umfang dieser Risikovorsorge ist für den Bilanzleser ersichtlich und mindert nicht den steuerpflichtigen Gewinn.

A	B	C	D	E

18. Aufgabe
Welche der folgenden Aussagen treffen auf die offenen Vorsorgereserven nach § 340 g HGB zu?
Tragen Sie die Ziffern vor den zwei zutreffenden Antworten in die Kästchen ein.

A Die Bildung von offenen Vorsorgereserven erfolgt genau wie bei den stillen Vorsorgereserven aus dem versteuerten Gewinn, sodass ihre Bildung die Steuerpflicht nicht beeinflusst.

B Offene Vorsorgereserven nach § 340 g HGB können nach Belieben von Aktiengesellschaften gebildet werden.

C Die Bildung offener Vorsorgereserven ist begrenzt auf 4 % des Geschäftsvolumens.

D Offene Vorsorgereserven sind in der Bilanz auszuweisen.

E Die Bildung offener Vorsorgereserven erfolgt aus dem unversteuerten Gewinn. Dadurch wird die Steuerbelastung des Kreditinstituts reduziert.

Prüfungstraining für Bankkaufleute
Rechnungswesen, Controlling, Bankrechnen
↗

springer-gabler.de

Wolfgang Grundmann, Rudolf Rathner
Rechnungswesen, Controlling, Bankrechnen
Basiswissen und Prüfungsaufgaben mit Lösungen
5. Aufl. 2013. VIII, 249 S. Br. € (D) 24,95
ISBN 978-3-8349-4179-4

Anhand von prüfungsnahen Aufgaben mit kommentierten Lösungen wiederholt, festigt und ergänzt der Auszubildende die wirklich relevanten Lerninhalte, die ihn optimal auf die Abschlussprüfung vorbereiten. Dabei sind auch die Zusammenfassungen und Übersichten in jedem Kapitel äußerst hilfreich. Für die 5. Auflage haben Wolfgang Grundmann und Rudolf Rathner die Regelungen zu den Abschreibungsmethoden aktualisiert. Das Werk ist damit den aktuellen gesetzlichen Änderungen angepasst.

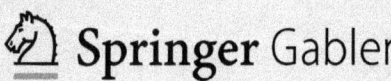

Einfach bestellen: SpringerDE-service@springer.com
Telefon +49(0)6221/345 – 4301

Abschlussprüfung

Wirtschafts- und Sozialkunde

▶ Jürgen Muthig

1. Aufgabe
Die wirtschaftlichen Verflechtungen nehmen weltweit zu. Stellen Sie fest, welche direkte Auswirkung diese Entwicklung der so genannten Globalisierung hat!
Tragen Sie die Ziffer vor der zutreffenden Antwort in das Kästchen ein.
1. Durch die Einführung des Euro gelten im Einführungsgebiet überall die gleichen Preise.
2. Bei sinkenden Lohnkosten im Inland wird die Produktion ins Ausland verlagert. Dies kann im Inland zu höherer Arbeitslosigkeit führen.
3. Wenn ein Industrieprodukt mit „Made in Germany" ausgezeichnet ist, bedeutet dies nicht unbedingt, dass alle Einzelteile des Produktes in Deutschland hergestellt wurden.
4. Der Abstand beim Pro-Kopf-Einkommen zwischen den reichsten und den ärmsten Ländern der Welt hat sich in den letzten Jahren erheblich verringert.
5. Die Verlagerung der Produktion in Länder der Dritten Welt führt zu einer Verschlechterung der Infrastruktur in diesen Ländern.

2. Aufgabe
Sie sollen die Aufteilung des Volkseinkommens in Einkommen aus unselbstständiger Tätigkeit und in Einkommen aus Unternehmertätigkeit und Vermögen feststellen. Welche Größe gibt darüber Auskunft?
Tragen Sie die Ziffer vor der zutreffenden Antwort in das Kästchen ein.
1. Die Lohnquote
2. Das Wirtschaftswachstum
3. Der Beschäftigungsgrad
4. Die Sparquote
5. Die Kaufkraft des Euro

3. Aufgabe
Prüfen Sie das nachstehende Schema zur Berechnung des Volkseinkommens!
In welchem der Schritte 1 bis 6 ist ein Fehler enthalten?
Tragen Sie die Ziffer vor der zutreffenden Antwort in das Kästchen ein.
1.   Bruttoinlandsprodukt
2. + Abschreibungen
3. = Nettoinlandsprodukt
4. − Indirekte Steuern
5. + Subventionen
6. = Volkseinkommen

4. Aufgabe
Ihr Bekannter Herr Grübel bezieht als Auszubildender zum Schreiner eine monatliche Auszubildungsvergütung von 600,00 Euro. Sie beziehen während Ihrer Ausbildung zum Bankkaufmann/zur Bankkauffrau eine monatliche Auszubildungsvergütung von 800,00 Euro. Nach den

neuen Entgelttarifverträgen steigen die Auszubildendenvergütungen von Herrn Grübel und von Ihnen um einen Festbetrag von monatlich 50,00 Euro brutto.
Wie wirkt sich diese Entgelterhöhung aus?
Tragen Sie die Ziffer vor der zutreffenden Antwort in das Kästchen ein.
1. Die Erhöhung ist für Herrn Grübel und für Sie prozentual gleich.
2. Die Erhöhung bringt Ihnen größere Vorteile als Herrn Grübel.
3. Die Erhöhung bewirkt, dass der Entgeltunterschied zwischen Ihnen und Herrn Grübel absolut größer wird.
4. Aufgrund der Erhöhung ist Herr Grübel Ihnen gegenüber relativ schlechter gestellt.
5. Die Erhöhung wirkt sich bei Herrn Grübel prozentual stärker aus als bei Ihnen. ☐

5. Aufgabe
Nach Abschluss Ihrer Berufsausbildung verdienen Sie monatlich brutto 60 % mehr als während der Ausbildung. Bei Durchsicht Ihrer Gehaltsabrechnung stellen Sie entsetzt fest, dass sich die Ihnen monatlich abgezogene Lohnsteuer gegenüber Ihrer Ausbildungszeit um 90 % erhöht hat.
Wie haben Sie diesen Sachverhalt zu begründen?
Tragen Sie die Ziffer vor der zutreffenden Antwort in das Kästchen ein.
1. Durch die nominale Einkommenssteigerung wurden Sie in eine andere Steuerklasse eingruppiert.
2. Der Arbeitnehmerfreibetrag ist weggefallen.
3. Sie wurden von der Steuerprogression erfasst.
4. Ihnen werden jetzt mehr Sozialversicherungsbeiträge abgezogen.
5. Ihrem nominalen Einkommenszuwachs liegt ein größerer realer Einkommenszuwachs zugrunde, von dem Ihre Lohnsteuer berechnet wird. ☐

6. Aufgabe
Im Wirtschaftsteil Ihrer Tageszeitung lesen Sie folgende Schlagzeile: „Nominallohn stieg stärker als das Preisniveau". Welche Auswirkung hatte dies auf den Reallohn?
Tragen Sie die Ziffer vor der zutreffenden Antwort in das Kästchen ein.
1. Der Reallohn ist gestiegen.
2. Der Reallohn ist gleich geblieben.
3. Der Reallohn ist gesunken.
4. Dieser Sachverhalt wirkt sich erst im nächsten Jahr auf den Reallohn aus.
5. Sie konnten sich weniger Güter für Ihr Geld kaufen. ☐

7. Aufgabe
Sie erfahren von verschiedenen den Wettbewerb beeinflussenden Maßnahmen. Welche Maßnahme unterliegt der Fusionskontrolle?
Tragen Sie die Ziffer vor der zutreffenden Antwort in das Kästchen ein.
1. Fernsehgerätehersteller verpflichten sich vertraglich zur Normung ihrer Bildröhren.
2. Webwarenhersteller vereinbaren die Gewährung eines Preisnachlasses von 2 % bis zu einem Zahlungsziel von vier Wochen.
3. Mineralölkonzerne erhöhen einheitlich die Benzinpreise.
4. Zementhersteller eines Landes vereinbaren untereinander die Zuteilung von bestimmten Absatzgebieten.
5. Unternehmen A, das bereits einen Marktanteil von 20 % besitzt, beabsichtigt die Aktienmehrheit eines Konkurrenzunternehmens B zu erwerben. ☐

8. Aufgabe
Die Konjunktur der Bundesrepublik Deutschland befindet sich in einer Rezession. Anhand welches Indikators können Sie dies belegen?
Tragen Sie die Ziffer vor der zutreffenden Antwort in das Kästchen ein.
1. Das Zinsniveau ist hoch.
2. Es herrscht geringe Investitionsbereitschaft.
3. Die Arbeitslosenquote hat einen Tiefststand erreicht.
4. Die Unternehmergewinne steigen wieder langsam an.
5. Die Verbraucherpreise ziehen wieder an. ☐

9. Aufgabe
Sie suchen nach Anzeichen für einen Konjunkturaufschwung. Welche volkswirtschaftliche Größe ist ein Frühindikator für die konjunkturelle Entwicklung?
Tragen Sie die Ziffer vor der zutreffenden Antwort in das Kästchen ein.
1. Die Anzahl der offenen Stellen
2. Die Konsumausgaben
3. Das Bruttoinlandsprodukt
4. Die Auftragseingänge
5. Das Kreditvolumen ☐

10. Aufgabe
Im Stabilitätsgesetz der Bundesrepublik Deutschland sind die Ziele des so genannten „Magischen Vierecks" niedergelegt. Mit welcher Forderung werden diese vier Ziele häufig ergänzt?
Tragen Sie die Ziffer vor der zutreffenden Antwort in das Kästchen ein.
1. Mit der Forderung nach einem besseren Umweltschutz
2. Mit der Forderung nach einem hohen Beschäftigungsstand
3. Mit der Forderung nach einem stabilen Preisniveau
4. Mit der Forderung nach stetigem und angemessenem Wirtschaftswachstum
5. Mit der Forderung nach einem außenwirtschaftlichen Gleichgewicht ☐

Situation zur 11. bis 14. Aufgabe

In Ihrer Tageszeitung fällt Ihnen der auszugsweise abgebildete Artikel auf:

> Mindestreservesätze angehoben
> Derzeitiges Preisniveau ausschlaggebend
>
> FRANKFURT AM MAIN (dpa)
> Die Währungshüter haben die Mindestreservesätze mit sofortiger Wirkung angehoben.
>
> Wie bereits seit einigen Wochen gefordert, hat die Europäische Zentralbank (EZB) die Mindestreservesätze mit sofortiger Wirkung angehoben. ...
> ... Somit bleibt zu hoffen, dass die in den letzten Monaten wieder angezogene Preisspirale durch diese die Geldmenge reduzierende Maßnahme wirksam gedämpft werden kann.

11. Aufgabe
Für wen gilt die in dem Artikel beschriebene Maßnahme?
Tragen Sie die Ziffer vor der zutreffenden Antwort in das Kästchen ein.
1. Nur für die Bundesrepublik Deutschland
2. Für alle zur Europäischen Union gehörenden Länder
3. Für alle zur Europäischen Währungsunion gehörenden Länder (Eurozone)
4. Für alle europäischen Länder
5. Nur für diejenigen Länder, die die Stabilitätskriterien des Maastrichter Vertrages eingehalten haben

12. Aufgabe
Sie überlegen, wie sich diese von der EZB getroffene Maßnahme auswirken wird.
Bringen Sie die folgenden beabsichtigten Wirkungen unter der Annahme, dass alle anderen Einflussgrößen unverändert bleiben, in die richtige Reihenfolge, indem Sie die Ziffern 1 bis 5 in die Kästchen unter den beabsichtigten Wirkungen eintragen.
Beginnen Sie mit der Erhöhung der Mindestreservesätze!
A Erhöhung der Mindestreservesätze
B Dämpfung des Preisauftriebs
C Gesamtwirtschaftliche Nachfrage sinkt
D Kreditspielraum der Kreditinstitute sinkt
E Nachfragewirksame Geldmenge sinkt

A	B	C	D	E

13. Aufgabe
Angenommen, diese Maßnahme reicht noch nicht aus. Welche weitere Möglichkeit schlagen Sie vor, um das in dem Artikel beschriebene Ziel zu erreichen?
Tragen Sie die Ziffer vor der zutreffenden Antwort in das Kästchen ein.
1. Die EZB sollte den Basiszinssatz senken.
2. Die EZB sollte im Rahmen ihrer Offenmarktpolitik Wertpapiere verkaufen.
3. Die EZB sollte den Kreditinstituten höhere Spitzenrefinanzierungsfazilitäten anbieten.
4. Die EZB sollte bei gleichzeitig verringerten Zinssätzen die Möglichkeiten der Einlagefazilitäten einschränken.
5. Die EZB sollte den Wechselkurs gegenüber dem US-Dollar abwerten.

14. Aufgabe
Welche fiskalpolitische und mit den Zielen der sozialen Marktwirtschaft konforme Maßnahme schlagen Sie vor, um das in dem Zeitungsartikel beschriebene Ziel zu erreichen?
Tragen Sie die Ziffer vor der zutreffenden Antwort in das Kästchen ein.
1. Der Staat sollte ein Ausgabenprogramm über 15 Mrd. Euro beschließen.
2. Der Staat sollte die Tarifautonomie aufheben.
3. Der Staat sollte ein Paket von Steuersenkungen durchsetzen.
4. Der Staat sollte Subventionen für unrentable Kohlebergwerke einfrieren.
5. Der Staat sollte Importbeschränkungen gegenüber anderen EU-Ländern beschließen.

Situation zur 15. bis 17. Aufgabe
Der Abiturient Detlef Dreist, geboren am 20. Januar 1990, wird seit dem 1. August 2011 bei der Oldenburger Bank AG zum Bankkaufmann ausgebildet. Die Ausbildung endet laut Vertrag zum 31. Januar 2014. Herr Dreist wurde auf Antrag vorzeitig zur Prüfung zugelassen, sodass er am 07. und 08.05.2013 (Dienstag und Mittwoch) den schriftlichen Teil der Abschlussprüfung ablegt.

15. Aufgabe
Aufgrund welcher Voraussetzungen durfte Herr Dreist bereits am 07. und 08.05.2013 an der schriftlichen Abschlussprüfung teilnehmen?
Tragen Sie die Ziffer vor der zutreffenden Antwort in das Kästchen ein.
1. Wenn seine Leistungen dies rechtfertigen und Auszubildender und Berufsschule dem zugestimmt haben
2. Wenn seine Leistungen dies rechtfertigen und Ausbildender und Berufsschule angehört wurden
3. Wenn seine Leistungen dies rechtfertigen und seine Erziehungsberechtigten dem zugestimmt haben
4. Wenn ein wichtiger beruflicher Grund vorliegt, etwa die Zusage für einen Studienplatz für das Wintersemester 2013
5. Wenn ein wichtiger persönlicher Grund vorliegt, etwa die im Herbst 2013 geplante Hochzeit

16. Aufgabe
Herr Dreist legt seinem Ausbilder die abgebildeten Gesetzesauszüge (siehe nächste Seite) vor und möchte entsprechend für die Vorbereitung und Teilnahme an der Prüfung freigestellt werden. Für welchen Zeitraum muss die Oldenburger Bank AG Herrn Dreist nach dem Gesetz insgesamt freistellen, wenn in der Oldenburger Bank AG von Montag bis Freitag gearbeitet wird?
Tragen Sie die Ziffer vor der zutreffenden Antwort in das Kästchen ein.
1. Am 06.05.2013 ganztägig, am 07. und 08.05.2013 für die Dauer der Prüfung einschließlich der Pausen
2. Vom 03. bis 08.05.2013 ganztägig
3. Vom 02. bis 08.05.2013 ganztägig
4. Am 07. und 08.05.2013 ganztägig
5. Am 07. und 08.05.2013 für die Teilnahme an der Prüfung

PRÜFUNGSTRAINING

> Auszug aus dem Berufsbildungsgesetz
>
> § 7 Freistellung
> Der Ausbildende hat den Auszubildenden für Teilnahme am Berufsschulunterricht und an Prüfungen freizustellen. Das gleiche gilt, wenn Ausbildungsmaßnahmen außerhalb der Ausbildungsstätte durchzuführen sind.
>
> Auszug aus dem Jugendarbeitsschutzgesetz
>
> § 10 Prüfungen und außerbetriebliche Ausbildungsmaßnahmen
> (1) Der Arbeitgeber hat den Jugendlichen
> 1. für die Teilnahme an Prüfungen und Ausbildungsmaßnahmen, die auf Grund öffentlich rechtlicher oder vertraglicher Bestimmungen außerhalb der Ausbildungsstätte durchzuführen sind,
> 2. an dem Arbeitstag, der der schriftlichen Abschlussprüfung unmittelbar vorangeht,
> freizustellen.
> (2) Auf die Arbeitszeit werden angerechnet
> 1. die Freistellung nach Absatz 1 Nr. 1 mit der Zeit der Teilnahme einschließlich der Pausen,
> 2. die Freistellung nach Absatz 1 Nr. 2 mit acht Stunden.
> Ein Entgeltausfall darf nicht eintreten.

17. Aufgabe

Nach bestandener Abschlussprüfung hat Herr Dreist bereits mehrere Tage in der Oldenburger Bank AG gearbeitet, ohne dass mit ihm eine ausdrückliche Vereinbarung über die Weiterbeschäftigung getroffen wurde. Als der Abteilungsleiter von einer Dienstreise zurückkehrt und Herrn Dreist sieht, weist er ihn darauf hin, dass mit dem Bestehen der Prüfung die vertragliche Verpflichtung erfüllt ist, und fordert ihn zum Verlassen des Betriebes auf. Wie haben Sie die Rechtslage zu beurteilen?
Tragen Sie die Ziffer vor der zutreffenden Antwort in das Kästchen ein.

1. Da Herr Dreist unaufgefordert seine Arbeit aufgenommen hat und ein Arbeitsvertrag erst durch zwei übereinstimmende Willenserklärungen zustande kommt, gilt ein Arbeitsverhältnis als nicht begründet.
2. Da mit Herrn Dreist keine ausdrückliche Vereinbarung über seine Weiterbeschäftigung getroffen wurde, gilt nach Treu und Glauben ein befristetes Arbeitsverhältnis als begründet.
3. Da Herr Dreist seine Unkenntnis über die nicht vorgesehene Übernahme in ein Arbeitsverhältnis nicht zu vertreten hat, muss er noch bis zum vertraglichen Ende seines Ausbildungsvertrages weiterbeschäftigt werden.
4. Da Herr Dreist im Anschluss an sein Ausbildungsverhältnis beschäftigt wurde, ohne dass eine ausdrückliche Vereinbarung darüber getroffen wurde, gilt ein Arbeitsverhältnis auf unbestimmte Zeit als begründet.
5. Da Herr Dreist seine Unkenntnis über die nicht vorgesehene Übernahme in ein Arbeitsverhältnis nicht zu vertreten hat, ist kein Arbeitsvertrag zustande gekommen, er hat jedoch Anspruch auf Vergütung seiner erbrachten Arbeitsleistung.

Situation zur 18. bis 20. Aufgabe

Der Vorstand der Oldenburger Bank AG hat dem Abteilungsleiter Rechnungswesen und Finanzen, Herrn Happel, am 2. Januar 2013 Einzelprokura erteilt und dies am 14. Januar 2013 zur Eintragung im Handelsregister angemeldet. Die Eintragung ist dort am 22. Januar 2013 erfolgt und am 4. Februar 2013 im Bundesanzeiger veröffentlicht worden. Am 12. Februar 2013 lesen Sie als Mitarbeiter/-in der Oldenburger Bank AG diese Eintragung im Bundesanzeiger.

18. Aufgabe

Wie musste vom Vorstand der Oldenburger Bank AG der Antrag zur Eintragung der Einzelprokura im Handelsregister vorschriftsmäßig gestellt werden?
Tragen Sie die Ziffer vor der zutreffenden Antwort in das Kästchen ein.

1. Der Antrag konnte telefonisch durch ein Vorstandsmitglied der Oldenburger Bank AG gestellt werden.
2. Die Antragsstellung musste durch Herrn Happel persönlich beim Registergericht erfolgen.
3. Die Antragsstellung musste öffentlich beglaubigt sein.
4. Der Antrag musste durch ein Vorstandsmitglied der Oldenburger Bank AG persönlich abgegeben werden.
5. Der Antrag konnte schriftlich durch Herrn Happel gestellt werden.

19. Aufgabe

Ab wann ist die Prokura von Herrn Happel im Innenverhältnis rechtswirksam?
Tragen Sie Tag, Monat und Jahr in die Kästchen ein!

20. Aufgabe

In welchem Fall überschreitet Herr Happel seine gesetzlichen Befugnisse als Prokurist?
Tragen Sie die Ziffer vor der zutreffenden Antwort in das Kästchen ein.

1. Er erteilt dem Abteilungsleiter Wertpapierabwicklung, Herrn Kolbe, allgemeine Handlungsvollmacht für die Oldenburger Bank AG.
2. Er kauft für die Oldenburger Bank AG für 150.000,00 Euro ein an das Betriebsgelände angrenzendes Grundstück.
3. Er vereinbart mit dem Geschäftsführer des Gebäudereinigers Home Clean GmbH neue Konditionen, obwohl sich dies der Vorstand der Oldenburger Bank AG selbst vorbehalten hatte.
4. Er unterschreibt zusammen mit Herrn Heimsen, Inhaber einer Gesamtprokura, einen von diesem vorgelegten Darlehensvertrag mit der Landessparkasse Oldenburg über 80.000,00 Euro, obwohl ihm bekannt sein muss, dass Herr Heimsen nur Kreditverträge bis zu einer Summe von 50.000,00 Euro abschließen darf.
5. Er erteilt dem Mitarbeiter Jörg Hanssen Gesamtprokura.

Lösungen Bankwirtschaft – Konventionelle Aufgaben

1. Aufgabe – Zahlungsverkehr Ausland

1. Frage

Wirtschaftliche Risiken	
Risiken	**Absicherung**
1. Abnahmerisiko Der Importeur verweigert die Abnahme der Ware.	1. Akkreditiv
2. Zahlungs-/Kreditrisiko Der Importeur verweigert die Zahlung.	2. Akkreditiv
3. Lieferrisiko Der Exporteur verweigert die Lieferung.	3. Liefer- und Leistungsgarantie
4. Qualitätsrisiko Der Exporteur liefert Waren minderer Qualität.	4. SGS-Zertifikat, Qualitätszertifikat
5. Kursrisiko Ex- oder Importeur tragen das Risiko von Kursschwankungen der Währung, in der die Rechnung fakturiert wurde.	5. In eigener Währung zahlen, Devisenoptionsgeschäft, Devisentermingeschäft
6. Transportrisiko Ex- oder Importeur tragen das Risiko der Beschädigung oder Verlust der Ware auf dem Transportweg.	6. Transportversicherung
7. Anzahlungsrisiko	7. Anzahlungsgarantie
Politische Risiken	
8. Politisches Risiko Ex- oder Importeur tragen das Risiko eines politischen Umsturzes im Land des Vertragspartners	8. Hermes-Bürgschaft
9. Transfer- bzw. Konvertierungsrisiko Ex- oder Importeur tragen das Risiko, dass eine Währung auf dem Devisenmarkt nicht transferiert bzw. umgetauscht werden kann.	9. In eigener Währung zahlen

2. Frage

Beim Dokumenteninkasso sind zwei Formen zu unterscheiden:

D/P	D/A
„Documents against payment"	„Documents against acceptance"
= Dokumente gegen Zahlung	= Dokumente gegen Akzept

Die Bank des Exporteurs hat sich nach den Weisungen ihres Kunden, die er in seinem Inkassoauftrag erteilt, zu richten. Sie handelt dabei nach den ERI (Einheitliche Richtlinien für das Inkasso von Handelspapieren) nach Treu und Glauben. Bis auf die Prüfung der Vollständigkeit der Dokumente hat sie jedoch weder die Aufgabe noch die Pflicht, die eingereichten Dokumente zu prüfen.

Die Absendung der Papiere ins Ausland erfolgt per Einschreiben und eventuell in zwei getrennten Sendungen. Hat die Korrespondenzbank (Bank des Importeurs) die Dokumente erhalten, so erfolgt durch diese die Andienung der Papiere an den Importeur. In der Praxis erfolgt häufig eine Andienung der Dokumente zu getreuen Händen. Dies bedeutet, dass die Bank des Importeurs dem Importeur die Dokumente zur genauen Prüfung übergibt. Der Importeur verpflichtet sich, entweder die Dokumente aufzunehmen oder sie nach Prüfung unverzüglich an die Bank zurückzugeben. Grundsätzlich sind die Dokumente, sofern keine anderen Weisungen vorliegen, bei erster Präsentation zahlbar.

Werden diese vom Importeur nicht aufgenommen, also nicht bezahlt, wird die Bank des Exporteurs davon in Kenntnis gesetzt und um weitere Weisungen gebeten. Der Exporteur muss nun entscheiden, wie über die Dokumente und gegebenenfalls über die Ware verfügt werden soll.

Hat der Bezogene die Dokumente aufgenommen, das heißt Zahlung oder sein Akzept geleistet, so vergütet die Bank des Importeurs der Bank des Exporteurs den Inkassobetrag (bei D/P) bzw. teilt die Akzeptierung der Tratte durch den Importeur mit (bei D/A). Auch eine Übersendung des Wechsels an den Exporteur ist möglich.

3. Frage

Bei einem Dokumenteninkasso handelt es sich um einen Auftrag des Exporteurs an seine Hausbank, den Gegenwert für eingereichte Dokumente beim Importeur einzuziehen oder über eine weitere Bank einziehen zu lassen (Geschäftsbesorgungsvertrag gemäß § 675 BGB).

Das Dokumenteninkasso zählt ebenso wie das Dokumentenakkreditiv zu den gesicherten Zahlungsabwicklungen, da ein Zug-um-Zug-Geschäft zugrunde liegt. Der Importeur erhält die Dokumente und damit in der Regel die Verfügungsgewalt über die Ware erst dann, wenn er an den Exporteur Zahlung geleistet bzw. eine Tratte akzeptiert hat.

LÖSUNGEN

4. Frage
Abwicklung eines Dokumenteninkassos

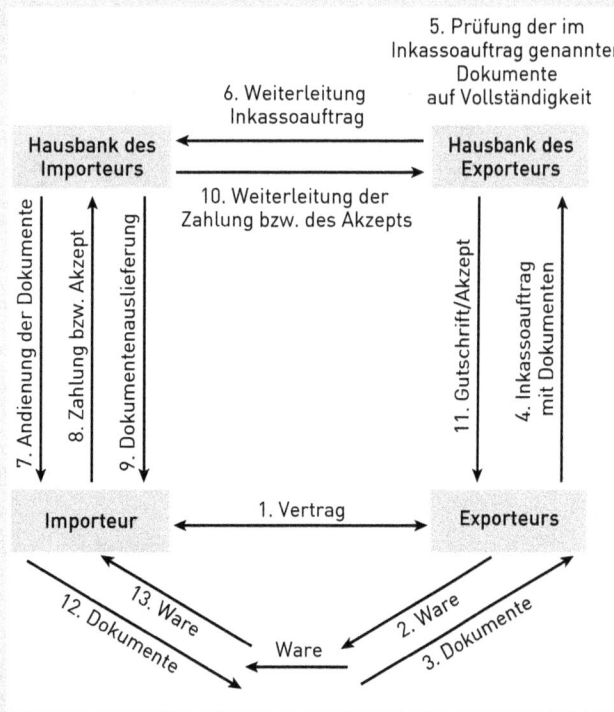

5. Frage

INCOTERMS 2010		Liefer-ort	Kosten- und Risikoübergang	Geeignet für
FOB	Free On Bord ... named port of shipment Frei an Bord ... benannter Verschiffungshafen	Auf dem Schiff im Verschiffungshafen	Schiffsreling	See- oder Binnenschiffstransporte
EXW	Ex Works ... named place Ab Werk ... benannter Ort	Werksgelände des Verkäufers	Lieferort im Exportland = „Abholklausel"	Jede Transportart

6. Frage
Ja, auch ohne Akkreditiv können die Incoterms als Vertragsbestandteil mit in die Verträge aufgenommen werden.

7. Frage
Frankfurt (Briefkurs-Euro-Verkauf an Kunden):
1 Euro = 1,2501 US-Dollar
x Euro = 300.000 US-Dollar
x = 239.980,80 Euro

New York (Geldkurs):
1 Euro = 1,2462 US-Dollar
x Euro = 300.000 US-Dollar
x = 240.731,82 Euro

2. Aufgabe – Geld- und Vermögensanlage

1. Frage
- Namensaktien sind international üblich.
- Die Gesellschaft kann an allen in- und ausländischen Börsen mit einer einheitlichen Aktie notiert werden.
- Dadurch kann der Zugang zu weiteren wichtigen Kapitalmärkten erreicht werden.
- Die Gesellschaft kann ihre Aktionäre direkter und gezielter als bisher informieren (Investor Relation), weil Name, Wohnort und Beruf der Inhaber der Aktien im Aktienbuch eingetragen werden.
- Abwehr heimlicher feindlicher Übernahmen

2. Frage
Durch die Möglichkeit des erleichterten Zugangs zu internationalen Kapitalmärkten steigt die Attraktivität dieser Aktie.

3. Frage
Da die Kundin noch keine Aufträge zum Kauf von Wertpapieren erteilt hat, ist eine Aufklärung über die mit der Anlage verbundenen Risiken erforderlich.

4. Frage
Beispiele:
- Anlageziele,
- Kenntnisse oder Erfahrungen
- Finanzielle Verhältnisse

5. Frage
- Diversifizierung (Risikomischung)
- kleine Stückelung (Erwerb von Bruchteilen möglich)
- Verwaltung durch Fachleute (Fondsmanager)
- Sicherheit (Sondervermögen außerhalb der Insolvenzmasse, KAG und Depotbank)
- Liquidität durch kurzfristige Rücknahme der Anteile zu Lasten des Sondervermögens
- Publizität (börsentägliche Veröffentlichung der Ausgabe- und Rücknahmepreise; Rechenschaftsbericht)
- Nutzung des Cost-Average-Effekts
- Wiederanlage auszuschüttender Beträge
- Fonds mit 60 % Aktienanteil sind nach dem 5. VermBG für die Anlage der vermögenswirksamen Leistungen geeignet (20 % Prämie)
- Auszahlplan

6. Frage
Stückzinsen = 5.000 Euro x 4,75 x 321 : 100 x 365 = 208,87 Euro
Die Stückzinstage wurden wahrscheinlich nicht korrekt ermittelt. Der Kundin ist daher die korrekte Berechnung von Stückzinsen zu erläutern.

3. Aufgabe – Kreditgeschäft

1. Frage
Grundschuld
- Die Grundschuld ist eine von ihrem Rechtsgrund losgelöste (abstrakte) Grundstücksbelastung

- Sie kommt sowohl in Buch- als auch Briefform vor.
- Die Eintragung einer Zwangsvollstreckungsklausel ist möglich.
- Der Grundschuldgläubiger hat einen dinglichen Anspruch aus der Grundschuld.
- Für die Grundschuld haften das Grundstück, die wesentlichen Bestandteile (zum Beispiel Gebäude) und Erzeugnisse des Grundstücks, das Zubehör des Grundstücks, Miet- und Pachtforderungen, Versicherungsforderungen, Ansprüche auf wiederkehrende Leistungen zugunsten des Grundstückseigentümers (zum Beispiel Reallast).

Hypothek
- Die Hypothek ist eine Grundstücksbelastung, die an die zugrundeliegende Forderung gebunden ist (Akzessorität).
- Aufgrund der Hypothek haftet das Grundstück (dingliche Haftung) und die Person des Schuldners (persönliche Haftung).
- Es gibt drei Arten von Hypotheken (siehe unten)

Die **Verkehrshypothek** ist die ursprüngliche Form der Hypothek und kommt sowohl in der Buch- als auch in der Briefform vor. Sie lebt nicht wieder auf, auch wenn die Forderung wieder auflebt. Die Eintragung einer Zwangsvollstreckungsklausel ist möglich. Bei der Verkehrshypothek gilt der öffentliche Glaube des Grundbuchs für die Forderung, das heißt der Schuldner muss nachweisen, dass die Forderung in Höhe der Grundbucheintragung nicht mehr besteht (Akzessorität).

Die **Sicherungshypothek** kommt nur in der Buchform vor. Sie wird als „Sicherungshypothek" im Grundbuch eingetragen. Auch sie lebt nicht wieder auf, wenn die Forderung wieder auflebt. Die Eintragung einer Zwangsvollstreckungsklausel ist möglich. Bei der Sicherungshypothek gilt der öffentliche Glaube des Grundbuchs für die Forderung nicht, das heißt der Gläubiger muss die wahre Forderungshöhe nachweisen (strenge Akzessorität).

Die **Höchstbetragshypothek,** die auch als solche gekennzeichnet im Grundbuch eingetragen wird, ist eine Sonderform der Sicherungshypothek. Sie kommt nur in Buchform vor und lebt mit Aufleben der Forderung bis zu der im Grundbuch eingetragenen Höhe wieder auf. Die Eintragung einer Zwangsvollstreckungsklausel ist nicht möglich. Bei der Höchstbetragshypothek gilt der öffentliche Glaube des Grundbuchs für die Forderung nicht.

In der Praxis bevorzugen die Kreditinstitute wegen der Abstraktheit von einer zugrundeliegenden Forderung die Grundschuld.

2. Frage
Durch diese Vertragsklausel soll die Kündigungspflicht gemäß § 1193 BGB aufgehoben werden, wonach eine Grundschuld erst aufgrund einer Kündigung durch den Schuldner oder den Gläubiger mit einer Frist von sechs Monaten fällig wird.

3. Frage
Mit der Eintragung einer Zwangsvollstreckungsklausel unterwirft sich der Grundstückseigentümer der sofortigen Zwangsvollstreckung in das belastete Grundstück. Der Grundschuldgläubiger hat damit sofort einen vollstreckbaren Titel und kann die Zwangsvollstreckung in das belastete Grundstück betreiben.

4. Frage
Neben den zu vereinbarenden Darlehenszinsen fallen bei einer möglichen Zwangsvollstreckung Verzugszinsen an, die durch diesen höheren Zinssatz, der vom Zeitpunkt der Fälligkeit des Kredites bis zur Zahlung aus der Zwangsversteigerung zur Abrechnung kommt, abgesichert werden. Außerdem ist damit auch eine Zinssatzerhöhung während der Darlehenslaufzeit abgesichert.

Der dingliche Zins kann für drei Jahre und den Rest des laufenden Jahres geltend gemacht werden, jedoch höchstens bis zum tatsächlich offenen Betrag.

5. Frage
Die Zweckbestimmungserklärung regelt Rechte und Pflichten zwischen dem Kreditinstitut und dem Kreditnehmer, insbesondere für welche Ansprüche des Kreditinstituts die Grundschuld gelten soll. Dadurch wird die Grundschuld „quasi-akzzessorisch". Außerdem kann sie Freigabebedingungen oder Verwertungsbedingungen regeln.

6. Frage
Beleihungswert: 580.000
Beleihungssatz: 60 %
Beleihungsgrenze: 348.000

Beleihungsgrenze 348.000
abzgl. Vorlasten 50.000 Grundschuld zugunsten Volksbank Speyer
40.000 Grundschuld zugunsten Handelsbank AG
30.000 bestehender Rangvorbehalt
max. Kreditbetrag 228.000

Die derzeit im Grundbuch an zweiter Rangstelle eingetragene Hypothek zugunsten der Landesbausparkasse valutiert nicht mehr. Sie ist daher zu einer Eigentümergrundschuld geworden. Gemäß § 1179a BGB hat ein nachrangiger Gläubiger Anspruch auf Löschung vorrangiger Rechte, wenn das Recht auf den Grundstückseigentümer übergeht.

Das Kreditinstitut kann daher im Verwertungsfall mit einer vollen Befriedigung rechnen.

Lösungen Bankwirtschaft – Programmierte Aufgaben

Aufgabe 1

A	B	C	D	E	F
3	4	1	1	4	2

Aufgabe 2
3. und 6. Aussage

Aufgabe 3
10.249,00 Euro

Es müssen die Kontoguthaben per Stichtag Tag vor dem Todestag gemeldet werden. Es darf keine Verrechnung mit den Sollsalden erfolgen.

    489,00 Euro
+ 6.800,00 Euro
+ 2.960,00 Euro
10.249,00 Euro Meldepflichtiger Betrag

Aufgabe 4
Kennziffer: 1/Betrag: 27,54 Euro

Weniger Sollzinsen für 3 Tage:
$$\frac{28.000,00 \text{ Euro} \times 3 \text{ Tage} \times 11,5}{360 \times 100} = 26,83 \text{ Euro}$$

Mehr Habenzinsen für 2 Tage:
$$\frac{17.000,00 \text{ Euro} \times 3 \text{ Tage} \times 0,5}{360 \times 100} = 0,71 \text{ Euro}$$

=> Zinsgutschrift für den Kunden:
26,83 Euro + 0,71 Euro = <u>27,54 Euro</u>

Aufgabe 5
2. und 4. Aussage

Aufgabe 6
2. und 6. Aussage
Herrn Henschel werden bis zu einem Betrag von 3.500,00 Euro Soll Zinsen für einen eingeräumten Dispositionskredit berechnet. Erst bei Überziehen der eingeräumten Kreditlinie werden ihm Zinsen für einen geduldeten Dispositionskredit be-rechnet.
Die 6. Aussage stammt aus den AGB der Kreditinstitute und ermöglicht der Zahlstelle eine Nachdisposition der einzulösenden Schecks.

Aufgabe 7

A	B	C	D	E	F
3	1	2	3	3	1

Aufgabe 8
3. und 6. Aussage
Verfügt der Karteninhaber mit seiner Karte im Ausland, wird zur Umrechnung der Verfügungsbeträge der Devisengeldkurs verwendet. Die Umrechnung erfolgt zum Devisengeldkurs des dem Eingangstag bei der Kreditkartenorganisation vorangegangenen Börsentages. Die GZS berechnet zusätzlich eine Provision von 1 % des Umsatzbetrags. Bei Umsätzen in EWWU-Ländern sowie in Schweden, Dänemark und England entfällt diese Gebühr aufgrund einer neuen EU-Verordnung. Die Kreditkartenorganisationen versuchen in der Regel innerhalb von 24 Stunden eine Ersatzkarte zu beschaffen.

Aufgabe 9
1. und 6. Aussage
Zinsen werden nach dem Zuflussprinzip besteuert werden. Im Jahr des Zuflusses müssen alle Zinserträge voll versteuert werden.

Aufgabe 10
3. Aussage

Aufgabe 11
6,33 Euro

Maximaler Förderbetrag beim Beteiligungssparen:
400,00 Euro: 12 Monate = 33,33 Euro
Eigener Anteil: 33,33 Euro – 27,00 Euro = 6,33 Euro

Aufgabe 12

A	B
3	1

Aufgabe 13
105,06 Euro

Arbeitnehmer-Sparzulage:
333,30 Euro x 18 % = 59,99 Euro, aufgerundet 60,00 Euro

Wohnungsbau-Prämie:
Auf max. 512,00 Euro x 8,8 % = 45,06 Euro (wird nicht aufgerundet)

Summe: 60,00 Euro + 45,06 Euro = 105,06 Euro

Die Auszahlung der staatlichen Förderbeträge erfolgt erst nach Ablauf der Sperrfristen bzw. bei einer zulagen- oder prämienunschädlichen Verfügung.

Aufgabe 14
3

Das Depotstimmrecht ist ein Stimmrecht, das ein Kreditinstitut durch ausdrücklich schriftlich dargelegte Weisung gemäß § 128 AktG seines Kunden erhält. Mit Übertragung des Depotstimmrechts kann das Kreditinstitut in der Hauptversammlung einer Aktiengesellschaft gem. § 135 AktG für die im Depot des Kunden hinterlegten und verwalteten Aktien das Stimmrecht ausüben.

Das Kreditinstitut ist an die Weisungen seines Kunden gebunden. Soweit der Aktionär dem Kreditinstitut keine Weisung für die Ausübung des Stimmrechts erteilt, hat das Kreditinstitut das Stimmrecht entsprechend seinen eigenen, den Aktionären mitgeteilten Vorschlägen auszuüben (§ 135 V AktG).

Aufgabe 15
5

Vom 02. – 16.07.2013 werden die Bezugsrechte an der Wertpapierbörse gehandelt.

Das Bezugsverhältnis von 7:1 besagt, dass Herr Müller auf sieben alte Aktien der BioTech AG eine junge Aktie erhält.

Wenn Herr Müller auf die Bezugsaufforderung keine Weisung erteilt, verkauft die Mainhauser Bank AG seine Bezugsrechte am letzten Tag des Bezugsrechtshandels bestens.

Aufgabe 16
a) Erste Rate: 470,00 Euro
b) Folgeraten: 560,00 Euro

Darlehen:	20.000,00 Euro
+ Restschuldversicherung:	300,00 Euro
Summe:	20.300,00 Euro
+ Zinsen für 48 Monate:	6.090,00 Euro
+ Bearbeitungsgebühr:	400,00 Euro
Rückzahlungsbetrag:	26.790,00 Euro : 48 Monate

= 558,13 Euro
= 1x 470,00 Euro und 47 x 560,00 Euro

Aufgabe 17
1

Die Differenz zwischen Nominal- und Effektivzins ergibt sich grundsätzlich auf der Basis verschiedener möglicher Faktoren. Dazu zählen beispielsweise vom Kreditnehmer zu zahlende Bearbeitungsgebühren, die Verrechnung der Tilgung, aber auch die Laufzeit des Kredits kann eine Auswirkung auf die Höhe des Effektivzinses haben.

Bei Ratenkredit wird häufig der Nominalzinssatz während der Gesamtlaufzeit des Kredits auf den Anfangsbetrag gerechnet.

Aufgabe 18
2 und 3

An die SCHUFA werden sowohl Positiv- als auch Negativmerkmale des Kunden unabhängig von der Betragshöhe übermittelt.

Nur Mitglieder der SCHUFA können auf die gespeicherten Kundendaten zugreifen.

Aufgabe 19
3 und 6

Die Sicherungsübereignung ist nicht gesetzlich geregelt, sondern wird durch einen entsprechenden Kreditsicherungsvertrag vereinbart.

Das Kreditinstitut erwirbt nur einen für die Kreditlaufzeit geltenden Eigentumsanspruch.

Das Sicherungsgut muss im Rahmen einer öffentlichen Versteigerung verwertet werden.

Das Besitzkonstitut kann zum Beispiel in Form einer Leihe ausgestaltet sein, damit der Kreditnehmer in den Besitz des Sicherungsgutes gelangt und es weiterhin benutzen kann.

Aufgabe 20
1 und 6

Wenn die Dokumente aufgrund nicht termingerechter Verladung in Bremen beanstandet werden, ist möglicherweise die im Akkreditiv geforderte fristgerechte Vorlage der Dokumente bei der Akkreditivbank nicht mehr möglich. Der Export kann die Akkreditivbedingungen nicht erfüllen und erhält kein Geld.

Wenn die Ware aufgrund eines Maschinenschadens des Schiffes zwei Wochen später in Indien eintrifft, liegt dies bei FOB nicht mehr im Verantwortungsbereich des Exporteurs.

Wenn die Ware auf dem Seeweg in einem schweren Sturm über Bord geht, kommt die Transportversicherung für den entstandenen Schaden auf.

Die Zahlungsunfähigkeit des indischen Vertragspartners oder die Nichtannahme der Ware durch den Importeur spielt für die Einlösung des Akkreditivs keine Rolle, da die Akkreditivbank ihre Zahlung garantiert hat, wenn der Exporteur alle im Akkreditiv genannten Bedingungen erfüllt hat.

Das politische Risiko eines Militärputschs wird durch das Akkreditiv nicht abgesichert.

Lösungen Rechnungswesen und Steuerung

1. Aufgabe
Unternehmer und Gewerbetreibende sind verpflichtet, Geschäftsunterlagen bis zu zehn Jahre aufzubewahren.
Die Aufbewahrungsfrist beginnt jeweils am Ende des Kalenderjahres.
a) 31.12.2016 (Bilanzen: 10 Jahre)
b) 31.12.2014 (Buchungsbelege: 10 Jahre)
c) 31.12.2014 (Handelskorrespondenz: 6 Jahre)
d) 31.12.2019 (Inventare: 10 Jahre)
e) 31.12.2013 (Lageberichte: 10 Jahre)
f) 31.12.2017 (Handelskorrespondenz: 6 Jahre)

2. Aufgabe
B und E
Das Inventar ist das Verzeichnis, in dem ein Kaufmann zu Beginn seines Handelsgewerbes und für den Schluss jeden Geschäftsjahres seine Vermögensgegenstände und seine Schulden angibt. In der Praxis besteht das Inventar aus der geordneten Ablage der Inventurunterlagen, wie EDV-Listen, Kontoauszüge zum Abschlussstichtag usw.
Zu A: Das Inventar gehört nicht zum eigentlichen Jahresabschluss.
Zu C: Keine Gegenüberstellung, Eigenkapital wird errechnet.
Zu D: Inventar besteht aus mehr als 2 Seiten.

3. Aufgabe
C und D
Zu A: Begriffe Kontenrahmen und Kontenplan vertauscht.
Zu B: Beide sind unterschiedlich: Aus dem Kontenrahmen wird der Kontenplan abgeleitet.
Zu E: Im Kontenplan stehen alle Konten, nicht nur die Kundenkonten.

4. Aufgabe

A	B	C	D	E
2	1	3	2	3

A: Hauptbuch (Geschäftsfälle geordnet nach Konten)
B: Grundbuch (Geschäftsfälle in der zeitlichen Reihenfolge ihres Auftretens)
C: Nebenbücher (hier wird jedes Wertpapier einzeln geführt)
D: Hauptbuch
E: Nebenbücher (hier wird für jeden einzelnen Kunden ein Konto geführt)

5. Aufgabe

A	B	C	D	E
1	3	1	5	2

A: Aktivkonto
B: Erfolgskonto (Aufwands- oder Ertragskonto)
C: Aktivkonto und gemischtes Konto
D: keines der aufgeführten Konten, Beschreibung trifft auf KK-Konto zu.
E: Passivkonto

6. Aufgabe

A	B	C	D	E	F
1	2	4	3	2	2

A Laufende Buchung: Geschäftsfall während des Jahres
B Vorbereitende Abschlussprüfung: muss am Jahresende gebucht werden, bevor die Konten abgeschlossen werden
C Keine Buchung
D Abschlussbuchung: Buchungen über GuV und SBK zählen zu den Abschlussbuchungen
E Vorbereitende Abschlussprüfung: muss am Jahresende gebucht werden, bevor die Konten abgeschlossen werden
F Vorbereitende Abschlussprüfung: muss am Jahresende gebucht werden, bevor die Konten abgeschlossen werden

7. Aufgabe

A	B	C	D	E
1	1	3	3	2

A: Vorsteuer (Kauf – Immobilienvermittlung ist umsatzsteuerpflichtig)
B: Vorsteuer (Kauf – Kundenschließfächer sind umsatzsteuerpflichtig)
C: Keine umsatzsteuerliche Auswirkung (Wertpapierhandel = normales Bankgeschäft)
D: Keine umsatzsteuerliche Auswirkung (Zahlungsverkehr = normales Bankgeschäft)
E: Umsatzsteuer (Einnahme – Immobilienvermittlung ist umsatzsteuerpflichtig)

8. Aufgabe
D und E
A Die lineare Abschreibung hat anfangs keine höheren Abschreibungsbeträge.
B Bei einer Anschaffung Ende März muss die Abschreibung für die Monate März bis Dezember berechnet werden.
C Wird ein Anlagegut nicht im Januar angeschafft, unterscheiden sich durch die monatsgenaue Abschreibung (siehe auch B) die Abschreibungsbeträge des ersten und letzten Jahres von den übrigen (vollen) Jahren.

9. Aufgabe
C und F
a) 12,5 % (100 % : 8 Jahre)
b) 7.500 Euro (60.000 Euro : 8 Jahre)
Die MwSt. muss beim umsatzsteuerfreien Geschäft mit abgeschrieben werden, da sie nicht als Vorsteuer erstattet wird.
c) 30.000 Euro (Die Hälfte nach der halben Zeit.)

10. Aufgabe
a) 450.000 Euro Einzelwertberichtigungen (30 % von 1,5 Mio. Euro)
b) 13.000 Euro Pauschalwertberichtigungen

	Debitoren	4.500.000
−	Direkte Abschreibungen	400.000
=	Debitoren nach Abschreibung (SBK)	4.100.000
−	Zweifelhafte Forderungen	1.500.000
−	Risikofreie Debitoren	0
=	Übrige Forderungen	2.600.000

2.600.000 x 0,5 % = max. 13.000 Pauschalwertberichtigungen
c) 4.100.000 Euro
d) 3.637.000 Euro (4.100.000 SBK − 450.000 EWB − 13.000 PWB)

11. Aufgabe
B und E
A Falsch, für das latente Ausfallrisiko ist die Pauschalwertberichtigung zu bilden.
B Einzel- und Pauschalwertberichtigungen werden nicht auf der Passivseite bilanziert.
C Falsch, sie wird bankenindividuell nach den Werten der letzten fünf Jahre berechnet.
D Falsch, einzelwertberichtigte Forderungen dürfen nicht pauschalwertberichtigt werden.
E Der wahrscheinliche Ausfall wird indirekt abgeschrieben.

12. Aufgabe
a) Abschreibung auf Ford. an KK 18.000 Euro
b) Abschreibung auf Ford. an Einzelwertberichtigungen 2.000 Euro
c) Keine Buchung in diesem Jahr nötig
d) Abschreibung auf Ford. an Pauschalwertberichtigungen 370

	Debitoren	750.000
−	Direkte Abschreibungen	18.000
=	Debitoren nach Abschreibung (SBK)	732.000
−	Zweifelhafte Forderungen (Alexander Meier und Marie Fuß)	34.000
−	Risikofreie Debitoren	0
=	Übrige Forderungen	698.000

698.000 * 1,5 % = 10.470 max. PWB − 10.100 vorhandene PWB = 370 Euro Erhöhung
e) 850.000 Euro
f) 716.530 Euro
732.000 Forderungen lt. SBK − 5.000 EWB (Alexander Meier und Marie Fuß) − 10.470 max. PWB = 716.530 Euro

13. Aufgabe
a) 220,00 Euro Gewinn
Durchschnittlicher Anschaffungskurs 97,80 Euro/Aktie:
(200 x 99 + 300 x 97) : 500 St.

   Verkaufskurs 100,00 Euro/Aktie
− Ø Anschaffungskurs 97,80 Euro/Aktie
= Realisierter Gewinn 2,20 Euro/Aktie
Insgesamt: 2,20 Euro x 100 Aktien = 220,00 Euro Kursgewinn

b) Wertpapiere an Kursgewinne aus Wertpapieren (oder an GuV) 220,00 Euro
c) 38.800,00 Euro
Bewertung zum Kurs am Bilanzstichtag: 97,00 Euro (Zeitwertprinzip, auch Fair-Value)
400 Aktien x 97,00 Euro/Aktie = 38.800,00 Euro
d) 320,00 Euro Nicht realisierter Kursverlust
97,80 − 97,00 = 0,80 Euro/Aktie x 400 Aktien Bestand = 320,00 Euro
e) Abschreibung auf Wertpapiere an Wertpapiere 320,00 Euro

14. Aufgabe
C und D
Daher der Buchungssatz „Wertpapiere an Wertpapier-Zinserträge" am Jahresende, mit dem die bis zum Bilanzstichtag aufgelaufenen, aber noch nicht ausgeschütteten Zinsen gebucht werden.

15. Aufgabe
D und F
C Festverzinsliche Wertpapiere müssen mit aufgelaufenen, noch nicht vereinnahmten Zinsen bilanziert werden.
D Schuldverschreibungen stellen als Gläubigerpapiere keine Beteiligung dar, bei Aktien des Anlagevermögens nur, wenn der Anteil am Grundkapital sehr hoch ist.

LÖSUNGEN

16. Aufgabe

A	B	C	D	E
2	5	1	3	1

A: Passive Rechnungsabgrenzungsposten (eingenommener Ertrag für das nächste Jahr)
B: Rückstellungen (der Betrag für Aufwendungen des alten Jahres steht noch nicht fest)
C: Aktive Rechnungsabgrenzungsposten (bezahlter Aufwand für das nächste Jahr)
D: Sonstige Forderungen (ausstehender Ertrag)
E: Aktive Rechnungsabgrenzungsposten (teilweise bezahlter Aufwand für das nächste Jahr)

17. Aufgabe

A	B	C	D	E
1	5	3	2	4

B: Keine der oben aufgeführten Arten der Risikovorsorge, sondern Rückstellungen.

18. Aufgabe

A und D
B: § 340 g HGB gilt nur für Kreditinstitute, nicht für andere Unternehmen bzw. nicht generell für Aktiengesellschaften
C: Im Gesetz ist keine Begrenzung vorgesehen.
E: siehe Aussage A

Lösungen Wirtschafts- und Sozialkunde

Aufgaben	Lösungen	Aufgaben	Lösungen
1	3	11	3
2	1	12	s. Tabelle unten
3	2	13	2
4	5	14	4
5	3	15	2
6	1	16	5
7	5	17	4
8	2	18	3
9	4	19	02.01.2011
10	1	20	5

Aufgabe 12:

A	B	C	D	E
1	5	4	2	3

Das Bank-Lexikon ist das Lexikon der Branche: einzigartig im Umfang, einzigartig in der Kompetenz ↗

springer-gabler.de

Ludwig Gramlich, Peter Gluchowski, Andreas Horsch, Klaus Schäfer, Gerd Waschbusch (Hrsg.)

Gabler Banklexikon
Bank - Börse - Finanzierung
14., komplett überarb. und akt. Aufl. 2013.
XXXIV, 1632 S. mit 130 Abb. u. 80 Tab. Geb.
€ (D) 99,95
ISBN 978-3-8349-0154-5

In ca. 8.500 Stichworten erhalten Sie präzise Antworten auf Ihre inhaltlichen Fragen zu allen wichtigen Themen des Geld-, Bank- und Börsenwesens. Komplett überarbeitet und erweitert bringt die 14. Auflage Klarheit und Ordnung in die vielfältigen Veränderungen der Finanzwelt der letzten zehn Jahre.

So hat das Standardwerk in dieser Auflage eine notwendige Modernisierung erfahren. Neues finden Sie integriert und Bewährtes verbessert, darunter die Darstellung der für die Bankbetriebs- und Finanzierungslehre bis heute fundamentalen Theorieansätze. Auch der zunehmenden Bedeutung von Informations- und Kommunikations-Technologien und ihren weitreichenden Auswirkungen auf den Bankenbereich wurde umfassend Rechnung getragen. Umgekehrt wurden Begriffe herausgenommen, die zu sehr an Relevanz verloren haben. Um trotz seines Umfanges den Charakter eines kompakten Nachschlagewerkes stärker zu betonen, ist darüber hinaus die Kategorie der Schwerpunktbeiträge entfallen.

Eine der Maximen der Herausgeber war, dass das vorliegende Werk nicht nur wissenschaftlichen Ansprüchen, sondern insbesondere auch denen der Praxis entspricht – dies ist maßgeblich der getroffenen Auswahl an Autoren zu verdanken. Da ein bestehendes Lexikon aber immer auch auf den Inhalten vorhergehender Auflagen aufbaut, profitiert die aktuelle Auflage auch vom Wissen früherer Herausgeber und Autoren, darunter insbesondere denen der unmittelbaren Vorauflage.

Die Herausgeber

Prof. Dr. Ludwig Gramlich, Senior Editor, lehrt an der Wirtschaftswissenschaftlichen Fakultät der TU Chemnitz Öffentliches Recht. Er betreut das Bank- und Wirtschaftsrecht.

Prof. Dr. Peter Gluchowski, Lehrstuhl Wirtschaftsinformatik an der TU Chemnitz. Sein Themenbereich: Bankrelevante Wirtschaftsinformatik.

Prof. Dr. Andreas Horsch, Professur für ABWL mit dem Schwerpunkt Investition und Finanzierung an der TU Freiberg, betreut insbesondere Grundlagen des Rechnungswesens sowie der Investitions- und Finanzierungstheorie.

Prof. Dr. Klaus Schäfer, Lehrstuhl für Betriebswirtschaftslehre I: Finanzwirtschaft und Bankbetriebslehre an der Universität Bayreuth, Schwerpunkt Risikomanagement, Derivate und Unternehmensfinanzierung. Zusammen mit Herrn Horsch betreut er die vielfältigen Themenbereiche des operativen Bankgeschäfts.

Prof. Dr. Gerd Waschbusch, Lehrstuhl für Betriebswirtschaftslehre, insb. Bankbetriebslehre an der Universität des Saarlandes. Er betreut u.a. die Themenbereiche Bankenaufsicht, Bankmarketing und Kreditgeschäft.

Den Herausgebern und den über 100 Fachautoren sind eigens ein ausführliches Autorenverzeichnis sowie das Sachgruppenverzeichnis gewidmet.

 Springer Gabler ist neu auf Facebook. Jetzt Fan werden und gewinnen.
www.facebook.com/springer-gabler

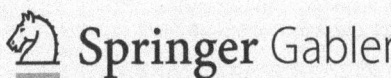

Einfach bestellen: SpringerDE-service@springer.com Telefon +49(0)6221/345 – 4301

Alle Prüfungsthemen auf jeweils einen Blick – ideal zum Wiederholen und zur Festigung des Prüfungsstoffs ↗

springer-gabler.de

Wolfgang Grundmann, Rudolf Rathner
Bankwirtschaft, Rechnungswesen und Steuerung, Wirtschafts- und Sozialkunde
Prüfungswissen in Übersichten
2. Aufl. 2012. XIV, 397 S. Br. € (D) 34,95
ISBN 978-3-8349-4526-6

Dieses Buch bietet den kompletten, für die Abschlussprüfung relevanten Lernstoff in Form von knappen tabellarischen Übersichten und übersichtlichen Grafiken - und zwar für alle drei Prüfungsfächer. Die Auszubildenden können somit gezielt Wissenslücken schließen und sich die wesentlichen Inhalte merken - ohne dass überflüssiger Ballast stört. Somit ist dieses Buch eine ideale Ergänzung zu den bislang erschienenen Bänden von Wolfgang Grundmann und Rudolf Rathner, in denen die jungen Banker erworbenes Wissen mit Hilfe von Aufgaben trainieren können. Grundlage dieser Zusammenstellung sind die Stoffkataloge für die Abschlussprüfung. In die Neuauflage haben die Autoren Übersichten zu den Stabilisierungsmechanismen und den Rettungsmaßnahmen für den Euro eingearbeitet. Außerdem haben sie zu vielen Darstellungen weitere Beispiele hinzugefügt.

Der Inhalt
- Bankwirtschaft
- Rechnungswesen
- Sozialkunde
- Wirtschaftslehre

Die Autoren
Wolfgang Grundmann unterrichtet Bankkaufleute an der Handelsschule Weidenstieg in Hamburg. Er ist langjähriges Prüfungsausschuss-Mitglied der dortigen Handelskammer und Autor erfolgreicher Prüfungsbücher für auszubildende Bankkaufleute. Rudolf Rathner ist Diplom-Handelslehrer am Berufskolleg am Wasserturm in Bocholt (Münsterland). Er unterrichtet seit über 15 Jahren erfolgreich angehende Bankkaufleute.

 Springer Gabler ist neu auf Facebook. Jetzt Fan werden und gewinnen.
www.facebook.com/springer-gabler

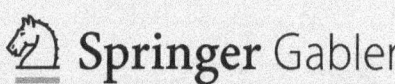 Einfach bestellen: SpringerDE-service@springer.com Telefon +49 (0)6221 / 3 45 – 4301

GPSR Compliance

The European Union's (EU) General Product Safety Regulation (GPSR) is a set of rules that requires consumer products to be safe and our obligations to ensure this.

If you have any concerns about our products, you can contact us on

ProductSafety@springernature.com

In case Publisher is established outside the EU, the EU authorized representative is:

Springer Nature Customer Service Center GmbH
Europaplatz 3
69115 Heidelberg, Germany

www.ingramcontent.com/pod-product-compliance
Lightning Source LLC
Chambersburg PA
CBHW051932100426
42873CB00020B/448